우리말 '-로' 동사 구문의 변천사

-우리말 글 연원 및 계통에 대한 소고-

황국정

박문사

머리말

'우리말 동사 구문의 역사적 연구'라는 제목의 이 책은 말과 글의 시작과 그 계보를 찾고 그 문제를 해결하기 위해 우리말 동사 구문 중 특히 타동사 구문의 변천 및 그 발달 과정을 중심으로 자동사, 형용사를 포함한 서술어의 발달사를 고찰하였다. 결론적으로, 우리말은 알타이계통의 한 어족에서 분화된 것이 아니라 그 가운데 만주어족의 한 언어로 분화된 언어 가운데 하나임을 알게 되었으며, 말의 기원과 글의 연원을 추적가능하게 해 주었다. 이러한 논의를 토대로 우리말의 기원은 우리글이 이 땅에 토착화되기 시작한 BC 2334년부터며, 이는 삼국유사에서 저자 일연 스님이 우리 땅에 단군이 강림한 시기로부터 1년 전에 말이 먼저 생겼고 글이 토착한 것을 인지한 뒤 역사서 삼국유사를 쓴 것임을 알아야 한다. 따라서, 이러한 역사 사실로부터 추정컨대, 우리말과 글의 한반도 유입은 기원전 2400년경에서 시작한 것으로 보이고, 기존의 한사군 설치 이후 한자 유입설은 재고의 여지가 있다고 보인다.

이러한 사실과, 해석을 통해 우리말과 글의 연원이 기원전에 있었고 우리말의 시작은 단군의 한반도 건국 이전으로 보고자 한다. 그러나 우리글의 시작은 삼국유사에서 기록으로 남겨놓았듯이 단군의 건국이념에서 밝혔듯이 만주영역이 당시의 고조선 영토로 들어와 있을 무렵, 단군이 이 땅에 나라를 세울 때, 수도를 정한 뒤, 건국이념으로 홍익인간을 내세우면서, 사람이 먼저라는 사고, 말이 다음이며, 글이 있어야 말이 제 역할을 할 수 있다는 생각 아래 비롯된 것이라고 생각한다.

　따라서, 필자는 본 연구서가 우리나라의 국어교육 및 국문학 전공자들만큼은 우리말의 계통에 대한 관심을 가져야 할 필요성이 있다고 판단하고, 이 땅에 말과 글이 없어지지 않아야 한다는 자민족의 언어에 대한 관심을 높여 말의 필요성, 글의 중요성을 고양시켜야 할 시기에 말과 글이 오염되는 것을 막아야 한다는 작은 우려의 목소리를 내 보려고 한다. 또, 이 책을 쓰면서 도움을 주신 박문사 사장님을 비롯하여 김민경 실장님, 이하 박문사 편집위원님들께 별도의 감사의 뜻을 전한다.

2020. 11. 10.
저자 씀

목차

우리말 '-로' 동사 구문의 변천사
- 우리말 글 연원 및 계통에 대한 소고-

제1장
연구 목적

제1장 연구 목적

1.1. 연구 목적과 범위

이 책은 15세기 우리말 서술어 가운데 중기 국어에서 문법의 변화 및 문법 내의 체계 변천을 겪은 타동사의 구문변화에 대해 살피고, 이것이 우리말의 계통 및 우리말 문장의 연원을 밝히는 데 기여하는 부분에 대한 논의를 하려고 하는 데 주된 목적이 있으며, 이것이 이 책의 국어사적 의의와 가치를 가진다. 말과 글의 중요성이 떨어지고 있는 지금, 말글의 중요성과 필요성을 되새김할 수 있는 계기가 될 수 있다는 점에서 국어 교육적 가치 역시 가진다.

이 저서를 통해 중등교육생들에게 타민족 언어의 존재와 자국어 존재의 위대함과 중요성, 이를 통해 현 말과 글의 필요성과 존재의 이유, 모국어에 대한 애정을 가지기 위해 말의 힘을 보여주었고, 그로 인해 이 부분에 대한 현 시국의 안타까운 시절의 통회성을 보여주고자 이 글을 쓰려고 한다.

또, 우리말 서술어 구문에 대한 이해를 위해 우리말의 연원과 구문에 대한 연구를 적절하게 논의하는 것은 두 가지 사실이 밀접하게 관련되어 있다. 먼저, 향가 해독 시 자구 해독을 문장 차원으로 하지 않고 구절 풀이를 중심으로 하는 것을 보면 우리말을 이해하는 데 있어 중요한 열쇠라는 것을 알 수 있다. 현대 국어에서 문단의 개념보다는 문장 차원에서 실현되는 구절 중심으로 해석하는 것을 보아도 알 수 있다.

이 책이 가지는 의미는 우리말 서술어 구문에 대한 이해를 하기 보다는 우리말의 연원과 계통을 밝히고자 하는데 주된 목적이 있고, 부차적으로는 말의 시작과 글의 기원을 캐내고자 하는 데 초석이 되는 저서로 남고자 한다.

이 책은 문법 체계의 변화와 관련된 동사 구문의 변화를 다룬다는 점에서 문법사적인 의의가 있을 뿐만 아니라, 동사의 의미 변화로 인한 구문 변화를 연구한다는 점에서 어휘의미사적으로도 의의를 가진다. 또한, 기존의 동사 구문의 연구에서 가졌던 문제점, 즉 일부 동사 구문만을 연구 대상으로 했거나, 중기 국어와 현대국어를 바로 대응시켜 동사의 변화를 논의한 점 등을 극복하고 중기 국어의 동사 전체를 대상으로 하여 중기 국어부터 근대국어를 거쳐 현대국어에 이르기까지의 변화 양상을 살피고, 이를 바탕으로 동사 구문구조의 변화 유형 및 원인을 고찰했다는 점에서 연구의 의의를 가진다.

동사 구문에 대한 연구는 구문에 대한 구조를 이해하기보다는 구문의 성격과 특성을 파악하는 데 쏟았다. 동사란 일반적으로 서술어를 가리키는 것으로, 서술어의 변화를 살핀다는 의미에서 우리말 서술어 구문의 체계 내 변화를 바라보고, 서술어의 변화 양상을 연구해 보는 데 목적이 있다.

본 연구에서 의도하는 바는 구문에 대한 이해를 위해 우리말의 연원과 구문에 대한 연구를 적절하게 논의하는 것으로 두 가지 사실이 밀접하게 관련되어 있다. 그것은 향가 해독 시 자구 해독을 문장 차원으로 하지 않고 구절 풀이를 중심으로 하는 것을 보아도 알 수 있고, 현대 국어에서 문단(단락)의 개념보다는 문장 차원에서 실현되는 구절 중심으로 해석하는 것을 보아도 알 수 있다.

1.2. 선행 연구 검토

1.2.1. 선행 연구 검토 및 문제제기1 - 현대 시기

동사 구문에 대한 공시적 연구는 동사의 실현 시기에 따라 현대국어에 관한 연구와 현대 이전 시기의 국어에 대한 연구로 나뉜다. 현대국어의 동사 구문에 대한 연구는 국어 동사 분류의 기준 및 체계에 대한 연구, 문형을 설정하고 그 특성을 고찰한 연구, 그리고 몇몇 특징적인 통사적 현상을 나타내는 구문에 대한 연구로 살펴볼 수 있다.

동사를 분류하고 유형화하는 것은 동사 구문구조를 체계적으로 기술하기 위해서 선행되어야 하는 일인 만큼 이에 대한 연구 또한 꾸준히 이어지고 있다. 그러나 지금으로서는 국어 전체 동사를 분류하는 뚜렷한 기준이 제시되지 못하고 있는 실정이다. 이것은 국어 동사가 가진 형태·통사·의미적 특성 때문이다. 국어는 동사와 형용사의 경계가 불분명한 부류의 것들이 있기 때문에 동사와 형용사로 분류하는 전통적인 관점이 문제시된다. 또한 자동사와 타동사 사이에서도 그 경계가 뚜렷하지 않은 것들이 있어 이러한 구분에 대해 회의적인 생각을 가진 견해들이 있다. 그리하여 동사를 통사·의미적 실현 양상을 중심으로 유형화하는 논의가 나오게 되며, 생성 문법에 기대어 논항구조를 기준으로 분류하려는 논의, 그리고 격틀에 의해 유형화하려는 연구들이 등장하게 된다.

동사 구문의 문형 연구로 대표적인 논의로는 김민수(1971), 성광수 (1971) 등이 있다. 이들은 동사가 요구하는 필수 성분을 중심으로 국어의 문형을 설정했다. 세부적인 논의에 있어서는 차이를 보이나 대체로 동사문, 형용사문, 체언문으로 삼분하고, 동사문은 다시 자동사문과 타동사문으로 양 분하는 것이 가장 적은 수의 기본 문형을 잡는 학자들에 의해 이루어진 분류 이다. 이 외에도 자동사와 타동사의 용법을 함께 가지는 양면 동사를 설정하 고 이에 해당하는 것으로 9개의 문형을 설정한 논의 등이 있다.

특징정인 현상을 나타내는 통사 부류에 대한 연구에 있어서는 특히 하나 의 어형이 자동사와 타동사의 특성을 동시에 보이는 것들을 어떻게 처리할 것이냐를 놓고 활발한 논의가 이루어졌다. 박승빈(1935), 최현배(1937)의 초기 전통 문법가들로부터 고영근(1986), 홍재성(1987, 1989), 최동주 (1989), 연재훈(1989), 우형식(1991), 양정석(1992), 강은국(1993), 권도경 (1993), 고광주(2000)에 이르기까지 이들은 자타 양용동사, 양면동사, 능격 동사, 중립동사, 중간동사, 비 대격 동사 등의 개념을 통해 국어 동사의 통사 적 특성을 살폈다.

현대국어 이전 시기의 동사 구문 연구는 현대국어의 구문 연구에 비해 수적으로 적다. 대부분 중기 국어를 대상으로 한 연구라서 연구 대상이 특정 시기로 편중되어 있다. 특히 동사 구문을 직접적으로 다룬 연구는 드물다. 특정한 통사 현상을 보이는 부정법, 경어법, 명사화, 의문법, 접속문, 피동문, 사동문, 인용문, 비교 구문 등을 연구하면서 각각의 구문 속에서 실현되는 동사의 구문론적 특성이 논의되어 왔기 때문이다.

동사를 중심으로 한 구문 연구는 대체로 각각의 동사가 취하는 명사구의 통사·의미적 특성을 밝히는 데 초점을 맞추고 있다. 대표적인 논의로 이현희(1994), 한재영(1996), 이영경(2003) 등을 들 수 있다. 이현희(1994)는 중기 국어 구문 가운데 비교적 많이 나타나는 평가구문, 심리구문, 사유구문 등에 대해 논의했다. 한재영(1996)에서는 16세기 국어의 동사를 주어 중심 구문, 목적어 중심 구문, 여격어 중심 구문으로 구분하여 각각의 구문에 속하는 대표적인 몇 개의 동사 구문에 대해 고찰했다. 이영경(2003)은 15·16세기 국어 형용사 구문 전반에 대한 연구라는 점에서 의의를 가진다.

한편 중기 국어의 자동사·타동사와 형용사가 현대국어만큼 구별이 뚜렷하지 않다는 사실에 주목한 논의가 있다. 고영근(1997) 등이 있다.

1.2.2. 선행 연구 검토 및 문제제기2 – 현대 이전 시기

동사 구문의 변화에 대한 통시적 연구는 주로 형태론적 측면에서 이루어졌으며 문장 차원에서 본격적으로 연구된 것은 매우 적은 편이다. 구문에 대한 통시적 연구는 두 가지 측면으로 살펴볼 수 있다. 특정한 통사적 특성을 보이는 부류의 문법 현상을 설명하는 내용 가운데 구문의 변화를 다룬 연구가 첫 번째이고 개별 동사의 통사·의미적 기능을 통시적으로 고찰한 연구가 두 번째이다.

전자에 해당하는 것이 피·사동문에 관한 연구이다. 피동법에 대한 통시적 연구로는 배희임(1988), 사동법에 대한 통시적 연구로는 류성기(1998) 등

13

여러 논의가 있다. 이밖에도 인용 구문의 변천에 대한 연구 등이 있다. 개별 동사 구문에 관한 통시적 연구로는 일부 동사를 대상으로 하여 동사의 통사·의미적 실현의 변화를 다룬 몇 편의 논문이 있다. 이현희(1999)는 '둏다'를 대상으로 하여 각각의 구문의 통사·의미적 특성을 통시적으로 살폈다.

이는 역사문장론 연구가 제대로 연구되지 못한 이유에서 비롯되었다. 이에 관한 선행 업적이 있다. 첫째, 통시통사론의 연구 대상이 불확실하다는 점, 둘째, 구문 변화에서는 귀납적 일반화가 불가능하다는 점, 그리고 셋째, 모든 언어의 문법에 어떤 보편적인 체계가 존재한다고 믿어 왔기 때문에 세부적인 구문 변화에 대한 인식을 하지 못한 점 등을 들고 통시통사론은 음변화나 형태, 어휘 변화와 다른 어떤 새로운 연구 방법이 필요함을 지적한 바 있다.

이런 문제들 때문에 구문 변화에 대한 연구는 음운사나 형태사에 비해 훨씬 적고 변화를 설명해 주는 이론도 매우 소박하다. 동사 구문의 변화를 논의함에 있어 구문 변화가 일어나는 원리를 설명해 줄 수 있는 이론이 뒷받침되어야 한다. 만약 구문 변화 연구에 이론이 뒷받침 되지 않는다면 그 연구는 단순한 자료 수집 이상을 넘어서지 못하기 때문이다. 그럼에도 불구하고 현재까지 구문 변화를 명확히 설명해 주는 이론이 나오지 못한 것은 무엇보다도 자료의 다양성으로 인해 보편적 원리에 접근하기가 힘들었기 때문인 것으로 보인다. 이는 국어뿐만 아니라, 서구 언어학에서도 마찬가지이다.

서구 언어학에서는 구문 변화에 대한 보편적 원리를 시도한 논의가 서구 소장문법학파들의 연구에서 나타나기 시작한다. 그리고 이들의 전통을 이어, 몇몇 구문 변화의 이론들이 나오게 되는데 변화의 원인을 언어 내적 요인에서 찾으려고 하는 논의와 언어 외적 이론으로 설명하고자 하는 논의로 구분된다.[1] 이러한 구문 변화 이론들이 국어 동사 구문의 변화를 얼마나 적절하게 설명해 줄 수 있을지에 대해서는 많은 검토와 연구가 있어야 할 것이다. 본 저서에서는 국어 동사 구문의 변화의 원인을 고찰하는 과정에서 이들 이론들이 어떻게 적용될 수 있을지에 대해서도 검토해 볼 것이다.

한편 구문의 변화는 동사의 의미 변화와 밀접한 관련을 가진다. 그런데 기존의 의미 변화에 대한 논의는 주로 체언류에 집중되어 있으며, 현재 '어휘사'라는 이름으로 출판된 단행본은 유창돈(1971), 리득춘(1987), 이기문(1991), 전재호(1992) 등이 있는데, 여기에서도 변화가 뚜렷한 일부 어휘만을 대상으로 고찰하고 있다.

이상으로 동사의 구문구조와 관련된 기존의 논의를 검토하고 문제점들을 살펴보았다. 연구사를 통해 알 수 있듯이, 국어 동사 전반에 대한 구문의 통시적 연구가 이루어지지 않았으며 동사 구문의 변화 유형 및 원인에 대한 체계적인 논의가 없는 것이 가장 큰 문제점으로 지적된다. 본 저서는 이러한 문제점들을 극복하기 위해 중기 국어 전체 동사를 대상으로 각각의 변화 유형을 살피고, 이를 바탕으로 국어 동사 구문의 변화에 대한 전반적인 모습을 고찰하였다.

특히 4장 타동사 구문의 변화는 타동사의 종류가 어떻게 실현되느냐에

---

1) 구문 변화의 원인을 언어 내부에서 찾으려고 한 대표적인 논의가 변형생성문법이론이다. 1960년대의 생성문법에서는 그들의 변형이론으로 구문 변화를 설명하려고 했다. Traugott (1972:81)에서는 생성문법의 견지에서 언어 내적인 문법규칙의 변화로 구문 변화가 유발된다고 보고, 구문 변화는 변형과 그것을 통제하는 규칙에서 찾아야 한다고 했다. 이와는 달리 Lightfoot(1979)의 투명성 원리(Transparency Principle)와 Bever and Langendoen(1979)의 지각적 책략 이론(Perceptual Strategy)은 모두 구문 변화의 원인을 문법 밖에서 찾으려고 한 대표적인 이론들이다. 이들에 대한 자세한 논의는 김방한(1988)을 참고하기 바란다.

따라 타동사 구문이 달라질 수 있고, 타동사가 어떤 실현 환경에서 실현되느냐보다, 어느 동사가 실현되느냐가 중요한 변수라는 점을 입증한 연구서이다. 이는 타동사의 종류가 어떤 것이 실현되느냐보다 그 타동사가 어느 통사 환경의 조건하에 실현되느냐가 더 중요한 것이며, 이것이 타동사 구문의 변화를 결정짓는 중요한 결정 요인이 됨을 말해 주는 것으로 이 책의 발간 의도를 밝힌다. 또, 이 중에서도 타동사 구문 가운데 사동사와 관련되어 있는 타동사가 몇몇이 존재하는데 중기국어에서부터 시작하여 근대국어에 이르기까지 그 수는 적어졌으나 몇몇 자료인 입말에서 남아 있음을 증명하고자 하였다.

실은 어떤 통사적 실현 환경은 타동사 구문의 변화에 영향을 주기도 하지만, 어떤 환경은 아무런 영향을 주지 않기도 하는데 이 때, 타동사가 어느 환경에서 실현되느냐를 보는 것보다 어떤 타동사가 실현되느냐를 보는 것이 더 중요한 변수로 작용한다. 또한, 이것이 우리말 글의 연원 및 계통을 밝히는 데 조금이나마 학문적 증거를 드러내는 데 도움이 되고자 한다.

마지막으로 이 책은 우리말 동사 구문에 대한 연구를 구문에 대한 구조를 이해하기보다는 구문의 성격과 특성을 파악하는 데 쏟았음을 밝힌다.

1.3. 연구 방법

1.3.1. 연구 방법

본 책은 고유어 본동사만을 대상으로 구문에 관한 역사적 변천만을 고찰하였다. 이를 위해 「이조어사전」(1964), 「보정고어사전」(1981), 「우리말 큰사전 4」(1992)를 바탕으로 중기 국어 문헌에서 동사로 실현된 모든 고유어 어휘를 추출했다. 이 가운데 동사 구문의 변화를 논의하기에 부적절하다고 판단되는 경우의 어휘는 연구 대상에서 제외시켰다. 본 저서에서 제외된 동사들을 보이면 아래 (1)과 같다.

(1) ㄱ. 어형이 중기 국어에서만 실현되는 경우

　　ㄴ. 어형이 한 문헌의 이본에서 동일한 문장에서만 여러 번 나타나는 경우

(1)의 경우를 제외하면 대략 900여 개의 동사가 추출된다. 이 연구는 900여 개의 동사를 대상으로 논의를 진행하고자 한다. 900여 개의 동사 중에는 동사의 어형이 현대국어까지 이어지는 것도 있으나 현대국어까지 이어지지 않고 어휘 개별적으로 형태가 사라지는 경우도 있다.

제2장
중기 국어 동사 구문 변화

제2장 중기 국어 동사 구문 변화

　이 장은 개별 동사 부류에 관한 본격적인 구문 변화를 고찰하기 전에 중기 국어 동사 구문구조의 특성을 살피고 이것의 통시적 변화에 대해 개괄적으로 논의하려고 한다.

　중기 국어 동사 구문의 통시적 변화는 크게 범주 변화와 논항구조의 변화로 살펴볼 수 있다. 범주 변화에서 가장 두드러진 것은 범주의 소멸이다. 이는 중기 국어 동사 가운데 순수하게 하나의 범주로서 사용되지 않고 겸용의 양상을 보이는 부류들에서 나타나는 현상이다. 두 가지 이상의 범주를 가지고 실현되던 것들이 그 중 하나의 범주를 잃게 되는 변화를 겪게 된다. 구문의 구조를 변화시키는 또 다른 변수로 논항이 형성되거나 소멸하는 경우가 있다. 또한 전혀 새로운 논항구조가 생겨나는 것도 포함된다.

　국어 동사 구문구조의 변화는 구조 내적 변화와 외적 변화로 구분된다. 구조 내적 변화는 구문의 변화가 규칙적이고 체계적으로 일어나는 것으로 문법 체계의 변화로 인해 일어나는 구문 변화이다. 외적 변화는 외래어의 침입으로 인해 모국어의 문법 구조 속에 이민족의 문법 체계가 영향을 줌으로써 자국어의 문법 자체에 혼동일 일어나는 경우를 말한다. 이러한 변화는 동사의 개별적 의미가 변함에 따라 구문에 변화가 생기는 것으로, 공통적인 변화 모습을 보이는 부류도 있으나 대개 비규칙적인 변화라고 할 수 있다.

2.1. 자타동사 간 범주간 넘나듦 현상

중기 국어 동사 구문과 관련하여 가장 특징적인 현상은 동사 전반에 걸쳐 나타나는 범주간 넘나듦 현상이다. 중기 국어의 동사는 현대국어에 비해 동사뿐만이 아니라 다른 문법 범주로 실현되는 경우가 많았고, 동일한 범주로 실현된 동사도 자동사와 타동사의 용법을 함께 가지고 실현되었다. 이러한 부류의 동사는 네 가지의 유형으로 살펴볼 수 있다. 자동사와 타동사의 용법을 모두 가지는 경우(①), 자동사와 형용사의 용법을 가지는 경우(②), 형용사와 타동사의 용법을 가지는 경우(③), 자동사, 타동사, 형용사의 용법을 모두 가지는 경우이다(④).[1] 각각의 유형을 용례를 통해 살펴보도록 하겠다.

먼저 예문 (1)-(3)은 자동사와 타동사의 용법을 모두 가지고 있는 동사들을 제시한 것이다.[2]

(3) ㄱ. 붑 티ᄂᆞ니와 琵琶 노ᄂᆞ니왜 서르 <u>맛나</u> 둘히 ᄒᆞᆫ 지븨 몯도다 <金三 4:5a>

ㄴ. 사ᄅᆞ미 怨讐를 <u>맛나</u> ᄒᆞᆫ디 사디 아니 ᄐᆞᆺᄒᆞ고 <圓覺上 2-1:46b>

예 (3)은 구문의 성격에 따라 네 가지 유형으로 구분된다.

---

1) ①과 ②를 포함하여 ③, ④의 경우까지 포괄하는 전성을 국어에 적용시킬 수 있을지 의심스럽다는 점, ①의 경우 능격동사로 보아 각각의 용법을 대등하게 기술하면서 ②~④는 전성으로 보는 것은 합리적이지 않다는 점 등이 문제점으로 지적되었다. 본고에서도 이들을 전성으로 처리했을 때 생기는 문제점을 고려하여 하나의 동사가 두 가지 이상의 용법을 겸하여 실현된 것으로 보고자 한다.

2) 이러한 동사 부류에 대해 능격동사, 중간동사, 중립동사, 자타동 공용동사, 자타 양용동사 등의 명칭이 있다.

첫째, 자동사의 주어와 타동사의 목적어가 통사·의미적으로 일정한 대응 관계를 가지는 경우로 능격 동사라고 불리는 부류의 구문이다. 예 (1)의 '맞나다' 셋째, 행위의 주체가 되는 명사구가 주어로 실현되는 것은 두 번째 유형과 같으나 자동 구문의 주어와 타동 구문의 주어가 통사·의미적으로 완전히 일치하는 것은 아닌 경우이다. 예 (3)의 '맞나다'가 이에 속한다. (3ㄱ)은 '맞나다'가 'NPpl이 서르 V'의 자동 구문을 형성한 것이고, (3ㄴ)은 'NP이 NP를 V'의 타동 구문을 형성한 것이다. (3ㄴ)에서 주어로 실현된 명사구와 목적어로 실현된 명사구가 접속 조사로 통합된 것이 (3ㄱ)의 복수주어로 나타난 것이다.

예문 (4)-(6)은 자동사와 형용사의 용법을 두루 가졌던 동사들이다.

(4) ㄱ. 그 兩足 聖尊이 뭇 <u>노파</u> 짝 업스니 <法華 2:44b>

　　ㄴ. 九層臺예 올옴 ᄀᆞᆮᄒᆞ야 발 불오미 漸漸 <u>노프면</u> 보ᄂᆞᆫ 고디 漸漸 머너라
　　　　　　　　　　　　　　　　　　　　　　　　　　<圓覺上 1-1:113b>

(5) ㄱ. 窮子ㅣ ᄠᅳ디 늣갑고 <u>사오나올시</u> 보고 놀라 저포믈 免티 몯ᄒᆞ니 보고
　　　　　　　　　　　　　　　　　　　　　　　　　　<金三 3:25a>

　　ㄴ. 노ᄑᆞᆫ 직죄 나날 <u>사오나와</u> 가ᄂᆞᆺ다 (高才日陵替) <杜詩 24:26a>

(6) 藹藹ᄒᆞᆫ 곳부리 <u>어즈럽고</u> 飛飛ᄒᆞᄂᆞᆫ 버리와 나븨왜 하도다 <杜詩 25:18b>

(7) 우희 사라도 驕慢티 말며 아래 ᄃᆞ외야도 <u>어즈럽디</u> 말며 <內訓 1:41b>

예 (4)는 '높다'가 실현된 예로, (4ㄱ)은 '높다'가 형용사로 실현된 구문이며 (4ㄴ)은 '높다'가 자동 구문을 형성한 예이다. (4ㄴ)은 '…발 밟음이 점점

높아지면 보는 곳이 점점 멀어진다의 의미로 동사를 수식하는 양태 부사 '漸漸'이 '높다'를 수식하고 있어 '높다'가 동사로 사용된 것임을 말해 준다. 예 (5)는 '사오납다'가 실현된 예로 (5ㄱ)은 '사오납다'가 형용사로 실현된 것이고 (5ㄴ)은 동사로 실현된 예이다. (5ㄴ)은 '높은 재주가 날로 쇠퇴해 가는구나'의 의미로 어떤 동작이나 상태 변화가 계속되거나 진행됨을 의미하는 보조 동사 '가다'가 '사오납다'에 연결되어 실현되었다. 또한 '나날'이라는 양태부사가 '사오납다'를 수식하고 있어 '사오납다'가 동사로서 사용된 것을 분명하게 말해 준다. 예 (6)은 '어즈럽다'가 실현된 경우로 형용사 구문이며 (7)은 동사 구문이다. (6)은 '어즈럽다'에 '-디 말다' 구성이 연결된 것이다. '말다'는 부정 명령형을 구성하는 보조 동사로, 동사만을 본용언으로 취하므로 '어즈럽다'가 '어지럽게 행동하다'의 의미를 가진 동사로 보아야 한다. 한편, (7)은 '위에 살아도 교만하게 굴지 말며 아랫사람(이) 되더라도 어지럽게 행동하지 말며'의 의미로 해석된다.

　예문 (8)은 자동사, 타동사의 용법을 가진 동시에 형용사의 용법까지 가진 경우이다. 예 (8)의 '더으다'가 이에 해당된다.

　(8) ㄱ. 봆비츤 漸漸 해 <u>더으놋다</u> (春色漸多添) <杜詩 7:11b>

　　　ㄴ. 禮룰 徐孺子익게 <u>더으시ᄂᆞ니</u> (禮加徐孺子) <杜詩 14:14b>

　　　ㄷ. 이 福德이 알핏 福德에 <u>더으니라</u> (此福德이 勝前福德ᄒᆞ니라)

<金剛 62b>

　(8ㄱ)은 '봄빛은 점점 많이 더하여지는구나'의 의미로 '더으다'가 'NP이

V'의 자동사 구문을 형성하였다. '더으다'가 '漸漸'이라는 양태부사의 수식을 받고 있어 그것의 동사적 용법을 확인할 수 있다. (8ㄴ)은 '徐孺子보다 나(두 보)에게 예를 더하신다(더 갖추신다)'의 의미로 '더으다'가 'NP이 NP를 NP 에 V'의 타동 구문을 형성하였다. (8ㄷ)은 '이 복덕이 앞에 있는 복덕보다 낫다'의 의미로 '더으다'가 형용사로 실현되었다. (8ㄱ)의 '더으다'는 비교기 준이 되는 명사가 문면에 나타나지는 않았으나 양태부사 '漸漸'의 쓰임 자체 가 정도의 변화를 의미하는 동사이며, 정도의 변화란 앞 단계와 뒷 단계의 상태를 비교함으로써 판단할 수 있는 것이므로 비교 기준이 명시적으로 실 현되지는 않았더라도 (8ㄱ)의 자동사적 용법에서도 의미적으로는 비교 기준 을 전제로 한 비교 행위가 내재되어 있다고 볼 수 있다(김정아 1998). (8ㄴ) 에서는 '徐孺子의게'가 비교기준이 되어 비교 타동사 구문을 형성하였으며 (8ㄷ)은 '알핏 福德에'가 비교 기준이 되어 비교 형용사 구문을 구성하였다. 그러므로 (8ㄱ)~(8ㄷ)의 '더으다'는 비교의 의미를 실현시키는 한 동사의 용법으로 파악될 수 있다.

이상의 논의를 종합해 보면, 중기 국어의 동사는 현대국어의 그것과 비교 해 볼 때 범주간의 넘나듦 현상이 다양한 환경에서 비교적 폭넓게 존재했음 을 알 수 있다. 이러한 사실을 뚜렷이 보여 주는 것이 위의 예문 (1ㄱ), (2′ ㄴ), (2″ㄴ), (4ㄴ), (5ㄴ), (6ㄴ), (7ㄴ), (8)의 예들이다. 이들은 현대국어 에서는 실현되지 않는 것들로, 중기 국어 동사 구문구조의 특성을 뚜렷이 보여 준다.

2.2. 동사의 논항과 기본 문형

이 장에서는 15세기 국어의 동사를 격틀(case frame)에 따라 분류하고 이를 바탕으로 동사의 문형을 살펴보려고 한다. 동사의 문형은 논항과 의미역의 유형에 의해 결정된다.[3] 국어의 경우 일정한 의미역을 할당받은 논항은 '명사구(NP)+격조사'의 구성을 통해 실현된다.[4] 이런 격조사를 중심으로 하여 논항구조를 표시한 것이 격틀(case frame)이다.[5] 여기서 격틀은 형태적인 격 형태의 나열이 아니라 격조사와 함께 명사구에 부여된 의미역(Θ-role)까지 고려된 것을 말한다. 즉 'NP이 V'의 동일한 격 형태라 하더라도 'NP이'의 의미역이 '대상'인 경우와 '행 위주'인 경우의 격틀은 다르게 파악되는 것이다. 동사의 격틀에 반영되는 격조사로는 주격 조사, 대격 조사, 부사격 조사, 보격 조사가 있다. 부사격 조사에는 '처격 조사, (도)구격 조사,

---

3) 논항(argument)이란 동사가 하위범주화하는 문법범주로서 동사로부터 의미역(thematic role)을 부여 받는 명사구를 말한다. 논항은 명사항(N)을 비롯하여 명사구(NP)뿐만 아니라 CP, IP, AP 등도 포함될 수 있다. 우형식(1998)에서는 '논항, 명사항, 명사구, 구성성분'을 구분해서 쓰고 있다. '구성성분'은 문장의 '구성요소'를 강조한 것이고, '논항'은 의미적 특징을, '명사항'은 동사와의 통합 관계를, 그리고 '명사구'는 어휘적인 측면을 고려한다는 점에서 구별된다고 했다. 그러나 이들은 모두 구문 형성에서 동사에 이끌리는 요소를 지칭한다는 점에서는 동일하다. 이에 본 논의를 진행하는 데는 이들을 엄밀하게 구분할 필요가 없으므로 '논항'이라는 용어로 대표해서 사용하겠다. 또한 본 서는 동사의 어휘 의미 구조(Lexical Conceptual Structure)에 참여하는 논항을 모두 격틀에 반영할 것이다.

4) 국어에서 논항 명사구에 실현되는 조사로 성광수(1977)에서는 '에게, 에(게)(서)(부터), 로, 에(게)로(까지), 와, 하고, 한테, 이, 을'이, 김승곤(1980)은 '에, 에서, 한테, 로부터, 에게, 로써, 로서, 까지'가 제시되어 있으며 그간의 선행연구 업적은 초판을 참고하기 바란다.

5) 격틀의 개념에 대한 자세한 논의는 우형식(1996), 유현경(1998), 한송화(2000) 등을 참고하기 바란다.

공동격 조사'가 포함된다. 그러므로 중기 국어 동사의 논항으로는 'NP이'
논항, 'NP를' 논항, 'NP에' 논항, 'NP로' 논항, 'NP와' 논항으로 살펴볼 수
있다.6)

동사의 격틀을 결정하기 위해서는 격틀에 참여하는 논항을 결정하는 일이
이루어져야 한다. 논항을 어떻게 규정할 것이냐에 대해서는 학자들마다 조
금씩 견해를 달리한다. 그러나 문장을 구성하는 필수성분을 논항으로 설정
하는 것은 공통된 의견이다.7) 여기서 필수 성분이라 함은 이것이 문장에서
생략되면 문법적인 문장 구성을 이루지 못하는 것을 의미한다. 논항을 설정
함에 있어 생략가능성이 중요한 통사적 기준으로 제시되는 것도 이와 같은
이유 때문이다.

---

6) 격조사 '-이', '-를', '-에', '-로', '-와'는 15세기 국어에서 다양한 이형태들이 실현된다. 본서
는 이들 이형태들의 대표형으로 각각 '이', '를', '에', '로', '와'를 잡았다. 여기서 '에'는
'에, 애, 예'와 특이처격의 '이, 의'를 비롯하여 '의게, 이/의 그에(게), 씌, ㅅ그에(긔/게)'
를 모두 포함한 것이다.

7) 필수 성분이라고 하는 것은 곧 문장을 구성할 때 필수적으로 요구되는 성분으로 '주성분'
의 의미와 맞닿아 있다. 즉 문장의 주성분 가운데 명사구로 실현되는 주어, 목적어, 보어
를 가리킨다. 이렇게 볼 때 국어의 논항은 주어 명사구, 목적어 명사구, 보어 명사구로
각각 실현되는 것이라고 말할 수 있다. 그런데 '논항(NP+격조사)'을 '주어 명사구
(Subject NP)' 등으로 나타내지 않는 것은 '주어 명사구'와 같은 용어로는 논항으로 실현
되는 명사구의 문법적 기능을 모두 보여줄 수 없기 때문이다. 예를 들어 주어로 실현되
는 모든 명사구가 문장 내에서 동일한 문법적 자격을 가지는 것은 아니라서 똑같이 주어
의 기능을 하는 명사구라고 하더라도 어떤 경우에는 동사에 대해 '대상'의 관계를, 또
다른 경우에는 '행 위주·'의 관계를 가질 수 있는데 이들을 모두 '주어 명사구'로 파악하
면 문장 내 주어 명사구의 세분화된 기능을 기술할 수 없다. 이처럼 의미역의 설정 근거
는 문장에서 서술어에 대해 가지는 명사구의 역할을 주어, 목적어, 보어 등의 통사적
기능만으로는 문장 성분의 기능을 기술하는 데 한계가 있기 때문에 이를 극복하기 위해
의미역이 설정되고 의미역을 가지는 명사구를 논항으로 규정하여 명사구의 지위를 기술
하고자 하는 것이다. Fillmore (1968)의 격문법 이론도 이러한 문제 인식에서 비롯된
것이다.

그런데 현대국어 이전 시기의 문헌을 대상으로 동사의 논항을 가려내는 것은 쉬운 일이 아니다. 무엇보다도 논항의 생략 여부를 판단할 수 있는 직관을 발휘할 수 없기 때문이다. 즉 문장에서 어떤 성분이 실현되지 않은 것이 실제로 불가능한 것이기 때문에 나타나지 않은 것인지, 아니면 실현이 가능한데 문맥상 생략된 것인지, 또는 한정된 문헌으로 실현 용례를 찾아볼 수 없는 것인지를 판단하기 어렵기 때문이다. 문헌을 통한 국어 연구를 할 때 이런 한계에 항상 부딪히게 되지만, 구문 변화 연구에 있어 이런 문제점은 더욱 심각하다. 어떤 음운이나 형태가 문헌에서 나타나지 않는 것은 실제 언어 변화의 시기를 고려한다고 하더라도 어느 정도 언어 변화를 추정해 볼 수 있으나, 구문의 변화는 다른 언어 단위에 비해 그 변화 속도나 양상이 오랜 시간에 걸쳐 진행되는 것인 만큼 구문 변화를 논의하기가 매우 힘들기 때문이다. 이렇게 되면 현대국어 이전 시기의 동사 구문에서 논항을 판별하여 구문의 특성을 기술하기는 논리적으로 불가능한 것인지도 모른다.

그러나 여기서 생각해야 할 것이 직관이 모든 문제를 해결하는 것은 아니라는 점이다. 왜냐하면 직관이 발휘되는 현대국어에서도 그것이 항상 문법을 기술하는 명확한 기준이 되는 것은 아니기 때문이다. 우선 직관만으로 정문인지 비문인지를 판단하기 힘든 경우가 있다. 연구자들에 따라 동일한 문장이 정문으로 이해되기도 하고, 비문으로 판단되기도 한다. 또한 정문인 문장에서조차 직관만으로 해결되지 않는 문제도 있다. 예를 들어 '학교에 가다'라는 문장에서 '학교에'가 필수논항인지 수의논항인지를 판단하는 것은 직관만으로는 힘들다. 이러한 직관의 맹점을 고려해 볼 때 문형을 파악함에 있어 직관이 중요한 변수로 작용한다고 단정할 수는 없다. 그러므로 오히려 문헌자료에 나타나는 용례를 중심으로 논항구조를 면밀히 고찰하는 것이 정확한 구문 연구가 될 수가 있다.

문헌 자료를 대상으로 논항 연구를 함에 있어서 고려해야 할 또 다른 문제는 문헌자료의 종류에 따라 논항의 실현 양상이 다르게 나타날 수 있다는 점이다. 문헌은 여러 기준에 의해 유형화될 수 있는데 특히 동사의 논항 실현과 관련해서는 구어 자료와 문어 자료가 서로 다른 모습을 보일 수 있다. 구어 자료의 경우 문어 자료보다 명사구의 생략이 쉽게 일어난다. 예를 들어 구어 자료인 역학서류는 주어나 목적어의 생략이 쉽게 일어난다. 반대로 성경류는 번역문의 성격으로 인해 다른 문헌 자료들에 비해 의고적인 모습을 많이 보여 준다. 예를 들면 중기 국어에서 실현되었던 구문이 16-18세기까지 나타나지 않다가 19세기 성경 자료에서 보이는 경우가 있다. 이처럼 문헌 자료의 성격으로 인해 구문의 변화된 모습을 단정 짓기 어려운 경우에 대해서는 별도로 주를 달아서 구분하겠다.

이제 중기 국어 동사 구문의 유형을 결정하는 논항에 대해 살피고 이에 따라 동사의 기본 문형에 대해 살펴보기로 하겠다.[8]

---

8) 이처럼 15세기 국어의 동사 전반을 통사론적 기준에 따라 분류하는 것이 문제가 없는 것은 아니다. 한정된 문헌 자료를 통해 모든 동사의 통사적 특징을 규정해야 하므로 실제 언어적 사실을 왜곡할 가능성도 있다. 그러나 동사의 의미는 구문구조를 통해 분명히 드러나는 것이고, 구문구조 역시 의미에 따라 결정되는 것이다. 따라서 15세기 국어 동사의 의미를 파악할 때 구문구조가 고려되는 것이다. 그러므로 의미를 기준으로 구문을 분류한다는 것 또한 논리적인 모순을 담고 있다. 동사의 문형이 파악되지 않았는데 동사의 의미를 정확하게 알 수는 없기 때문이다. 그러므로 동사가 보여 주는 구문구조를 중심으로 문형을 설정하는 것이 당시의 언어 사실을 가장 객관적으로 보여 주는 것이라고 생각한다.

2.2.1. 자동사의 논항과 기본 문형

중기 국어 자동사의 기본 문형은 현대국어의 그것과 큰 틀에서는 차이가 없지만 세부적인 면에서는 차이를 보인다. 자동사 구문의 유형은 주어의 의미역 및 자동사가 요구하는 보어의 유형과 관련이 있다. 자동사 구문에서 주어 및 보어로 실현되는 논항으로는 'NP이', 'NP에', 'NP로', 'NP와' 등이 있다.9) 이제 자동사의 문형을 결정하는 논항을 살피고 이를 바탕으로 자동사 구문의 유형을 제시해 보기로 하겠다.

중기 국어 자동사 구문에서 주어로 실현되는 'NP이'의 의미역은 '행 위주', '대상', '피동주', '경험주' 등이 있다. 이 가운데 주어의 의미역이 행 위주인 자동사를 행위성 자동사라고 한다. 행위성 자동사는 보어로 실현되는 논항의 의미역의 유형에 따라 단순 행위 자동사, 처소 행위 자동사, 대상 행위 자동사, 발화 행위 자동사, 상호 행위 자동사, 이동 행위 자동사로 구분된다.

예문 (9)는 단순 행위 자동사가 실현된 구문이다. 단순 행위 자동사는 주어의 의미역이 행 위주이며 행 위주 이외의 논항은 나타나지 않는 자동사를 말하는 것으로, 행위성 자동사 구문 가운데 가장 기본적인 문형이다.

(9) 籊纓호 사ᄅᆞ미 모ᄃᆞ니 멀허멧 ᄆᆞ리 우르고 (盍籊喧櫪馬) <杜詩 11:37b>

---

9) 이 밖에도 'NP에서', 'NP로써', 'NP이라와', 'NP두고' 등이 보어로 실현되나, 본고는 격조사와 결합한 명사구를 논항의 범위로 규정했기 때문에 이들의 실현 양상에 대해서는 논의하지 않기로 한다.

예문 (9)는 단순 행위 자동사 '우르다'가 실현된 예이다. 예 (9)는 '잠영한 사람이 모이니 마구간에 있는 말이 포효하고'의 의미를 가진다. 주어 '무리'가 '우르다'의 행 위주가 된다.

예문 (10)은 처소 행위 자동사가 실현된 구문이다. 처소 행위 자동사는 행위성 자동사 중 행 위주와 장소 논항이 요구되는 동사들이다.

(10) 世尊하 藥王菩薩이 엇뎨 娑婆世界예 <u>노니시며</u> <月釋 18:23a>

예문 (10)은 처소 행위 자동사 '노닐다'가 실현된 예이다. '세존이시여, 낙왕보살이 어찌 사바세계에서 노니시며'의 의미로 '행 위주'는 '藥王菩薩이'로 실현되었고 '娑婆世界예'라는 '장소' 논항이 실현되었다.

예문 (11)은 대상 행위 자동사의 실현 용례이다. 대상 행위 자동사는 행위주와 행 위주의 '대상'이 되는 논항을 요구하는 동사이다. 대상이 되는 명사구는 'NP에' 논항으로 실현되기도 하고, 'NP로' 논항으로 실현되기도 한다. 여기서의 '대상' 논항은 타동구문에서 목적어로 실현되는 대상의 'NP를' 논항과 통사·의미적 관계를 가지는 것이다. 대상 행위 자동사들이 모두 자·타 겸용 동사이다. 이들이 자동 구문을 구성했을 때의 'NP에'와 'NP로' 논항이 타동 구문에서는 'NP를' 논항으로 실현되기 때문이다. 이처럼 'NP에'와 'NP로'가 '대상' 논항으로 실현되어 자동 구문을 구성할 수 있었던 것은 중기 국어에서 조사 '-에'와 '-로'가 가진 '대상'의 기능 때문에 나타난 결과이다. 이러한 사실은 대상 행위 자동사가 실현된 예 (11)을 통해 살펴볼 수 있다. 대상 행위 자동사는 자동사의 의미에 따라 태도 자동사, 전환 자동사,

위치 자동사, 수혜 자동사, 결합 자동사로 세분화된다.

(11) ㄱ. 尊者ㅣ 무로듸 므슴 期約애 <u>그르ㅎ느뇨</u> <月釋 4:35a-b>

　　ㄱ'.내 머리 우희 오룰 쓷뎡 法師애 <u>어즈리디</u> 말며 (寧上我頭上이언뎡 莫惱
　　　　於法師ㅎ며) <法華 7:118a>

　　ㄴ. 獅子ㅣ 袈裟 니븐 사ᄅᆞᆯ 보면 아니 믈씨 山行ㅎ리 袈裟룰 닙ᄂᆞ니라
　　　　太子ㅣ 衰服으로 <u>밧고아</u> 니브시고 니ᄅᆞ샤듸 이제ᅀᅡ 出家ᄒᆞᆫ 사ᄅᆞ미 ᄃᆞ외
　　　　와라

<釋詳 3:31b-32a>

　　ㄷ. 外道ㅣ 씌여 ᄀᆞᄆᆞ니 늘카분 갈ㅎ로 衣葉中에 <u>녀허</u> 王孫듸 ᄒᆞ씌 가

<月釋 25:23a>

　　ㄹ. 二祖阿難尊者ㅣ 正法으로 商那和修씌 <u>맛디고</u> 寂滅에 드니라 <釋詳
　　　　24:7a>

　　ㅁ. ᄯᅩ 經疏애 거즛 거스로 眞에 <u>섯거</u> 져지 城 밧 아니니 ᄌᆞ모 하니

<金三序 13b>

　예 (11ㄱ)과 (11ㄱ')는 태도 자동사가 실현된 것이다. 예문 (11ㄱ)은 '그
르ㅎ다'가 실현된 예로 '존자가 묻되 "(내가) 무슨 기약을 잘못하고 있는
가?"'의 의미를 가진다. '그르ㅎ다'의 대상 논항이 'NP에'로 실현되었다. 예
문 (11ㄱ')는 '어즈리다'가 실현된 예로 '내 머리 위에 오를망정 법사를 어지
르지 말며'의 의미를 가진다. '어즈리다'의 대상 논항은 '法師에'이다. 예 (11
ㄴ)은 전환 자동사 '밧고다'가 실현된 예이다. (11ㄴ)은 '사자가 가사 입은

사람을 보면 묻지 않으므로 산행하는 사람은 가사를 입는다. 태자가 곤룡포를 갈아 입으시고 이르시되 "이제야 출가한 사람이 되었다"'의 의미이다. 이 문장에서 주목되는 부분은 '太子 l 袞服ᄋ로 밧고아 니브시고'인데 이는 '곤룡포를 바꾸어 가사 옷으로 갈아 입는다'는 의미이다. 여기서 '밧고다'의 대상 논항은 '袞服ᄋ로'이다. 현대국어에서는 'NP를'로 실현되었을 것이 'NP로'로 실현된 것이다. 예 (11ㄷ)은 위치 자동사가 실현된 것이다. (11ㄷ)은 '넣다'가 실현된 예로 '외도가 숨어서 가만히 날카로운 칼을 옷 속에 넣어 왕께 함께 가'의 의미를 가진다. 여기서 '넣다'의 '대상' 명사구는 '늘카븐 갈ᄒ로'이다. (11ㄹ)은 수혜 자동사 '맛디다'가 실현된 예로 '二祖阿難尊者가 정법(正法)을 상나화수께 맡기고 적멸(寂滅)에 드니라'의 의미를 가진다. '맛디다'의 '대상' 논항은 '正法으로'가 된다. (11ㅁ)은 결합 자동사 '셧다'가 실현된 예로 '또 거짓을 진실에 섞어서…'의 의미이다. '거즛 거스로'가 '셧다'의 '대상' 논항으로 실현되었다.

이상에서 살펴본 바와 같이 예 (11)에서 실현된 'NP에'와 'NP로'는 모두 동사의 '대상' 논항으로 파악되는 것이다. 이 중에서 특히 '대상'의 'NP로'는 본 저서에서 새롭게 설정한 논항으로 기존의 논의에서 '도구, 변성, 방향' 등으로 파악했던 'NP로'와는 구분되는 것이다.[10] 본고에서 대상의 기능을

---

10) 지금까지 중기국어에서 실현된 '-로'는 '도구, 자료, 자격, 원인, 변성, 방향 등의 기능을 가지는 것으로 '-로'와 통합한 명사구는 후행하는 서술어를 한정하는 부사어로 실현되는 것으로 논의되어 왔다. 여기서 '도구, 자료, 자격, 원인, 변성, 방향' 등에 대해 각각 격을 할당하여 도구격, 자격격, 원인격, 변위격, 향격 조사로 파악되기도 하고, '방향'을 나타내는 '-로'를 향격이라고 하고 나머지의 것들을 묶어 조격 조사로 보기도 하며(남풍현 1972, 이숭녕 1981, 이기문 1998 등), 이 둘을 묶어 도구격 혹은 구격 조사로 설정하기도 하고(홍윤표 1969, 안병희·이광호 1990, 고영근 1987, 이태영 1997) 방편격이라고 부르기도 하며(허웅 1975) 이들의 통사 기능에 초점을 두어 부사격으로 묶어 다루기

부여한 'NP로'는 기존의 논의에서는 대체로 도구의 기능으로 파악되어 온 것들이다. 그러나 '대상'의 'NP로' 논항의 실현은 '도구'의 'NP로'와 통사·의미적 실현에 있어 차이를 보인다.

　첫째, 도구의 '-로'는 '-를'로 교체될 수 없지만, 대상의 '-로'는 '-를'로 교체될 수 있다.

(12) ㄱ. 물 우횟 대버믈 흔 <u>소ᄂ로</u> <u>티시며</u> 싸호ᄂᆞ 한쇼롤 두 소내 자ᄇᆞ시며
　　　　　　　　　　　　　　　　　　　　　　　<龍歌 87>

　　　 ㄴ.*물 우횟 대버믈 흔 <u>소ᄂᆞᆯ</u> <u>티시며</u> 싸호ᄂᆞ 한쇼롤 두 소내 자ᄇᆞ시며

(13) ㄱ. 獄卒이 긴 <u>모두로</u> 모매 <u>박고</u> 빗솔홀 지지더라 <月釋 23:87a>

　　　 ㄴ. 兄님 눈에 <u>모돌</u> <u>바ᄀ니</u> <月釋 22:10a>

예문 (12ㄱ)은 '말 위에 있는 대범을 한 손으로 치시며…'의 의미이다. '티다'의 대상 논항은 '물 우횟 대버믈'이며 '흔 소ᄂ로'가 도구 논항으로 실현되었다. 여기서 '흔 소ᄂ로'는 '흔 소ᄂᆞᆯ'로 실현되지 못한다. 이에 반해 대상의 'NP로' 논항이 실현된 예 (13)에서는 대상의 'NP로'가 'NP를'로 교체될 수 있다. 예 (13ㄱ)은 '옥졸이 긴 못을 몸에 박고…'의 의미이며 (13ㄴ)은

도 한다. 그리고 이러한 기능을 가진 '-로'의 양상은 한글 창제 이전 차자 표기 자료 문헌에서도 대체로 그대로 적용되는 것으로 논의되어 왔다(남풍현 1994, 정철주 1988, 박성종 1996, 박진호 1998, 이건식 1996, 서종학 1995, 배대온 1985. 등). 이두문에서 사용된 구격조사들은 대체로 '시발, 원인, 도구, 방법, 자격, 방향등의 의미 기능을 갖는 것으로 파악되고 있으므로(서종학 1995, 김유범 1999), 구격과 향격의 테두리 안에서 '-로'의 기능을 파악하고 있음을 알 수 있다. 다만, 차자 표기 자료에서의 '-로'는 원인의 의미를 나타내는 데에 많이 쓰였으며(이승재 1998) 고려시대 석독구결 문헌에서는 향격의 '-ᅟᅳ(로)'가 실현되지 않는 특징이 있다(이건식 1996).

'형님 눈에 못을 박으니'의 의미로, 모두 '박다'가 실현된 구문이다. 그런데 (13ㄱ)에서 '박다'의 대상 논항으로 실현된 '긴 모두로'가 (13ㄴ)에서는 '모들'로 실현되었다. 이러한 사실은 (13ㄱ)에서 실현된 대상의 'NP로'가 분명 대상의 'NP를'과 통사·의미적 관련을 가지고 있음을 분명히 말해 준다.[11]

둘째, 도구의 '-로'가 통합된 명사구는 문장에서 실현되지 않아도 문법적인 문장이 되나, 대상의 '-로'가 통합된 명사구는 문장에서 실현되지 않으면 비문법적인 문장이 된다.

---

11) 우리는 여기서 '-로'에 부여한 대상의 기능이 '-를'이 나타내는 '대상'의 것과는 어떻게 다르며, 또 둘 사이의 관계는 어떠한지에 대해 질문을 던지게 된다. 필자는 이에 대해 '-로'과 '-를'의 발달 과정을 통해 해결의 실마리를 찾아보고자 한다. 남풍현(2000)에 따르면 신라 시대 이두에 나타나는 조사는 속격의 '之(ㅅ)'와 처격의 '中(긔)', 그리고 조격의 '以(로)'라고 한다. 그리고 '以(로)'는 '원인, 시발, 사역, 재료' 등 다양한 기능으로 실현되었다. 이러한 '-로'의 쓰임과는 달리, 대격의 '-를'의 경우 중기국어의 '-를'에 직접적으로 대응되는 형태가 본격적으로 나타나는 것은 「균여전」 소재 향가와 고려시대 이두에서부터이다. 대격의 '-를' 형태가 처음으로 나타나는 문헌은 현재까지 가장 이른 고려시대의 이두문으로 추정되는 「慈寂禪師凌雲塔碑陰銘(帖文)(939)」으로 여기서 '十四州郡縣契乙 用'의 '乙'이다(이승재 1992, 남풍현 1994). 남풍현(2000)에서는 「永泰二年銘 石造毘廬遮郡佛造像記(766)」에서 '自 毘盧遮邪是等覺(비로자나불)'의 '等'이 '들'로 훈독되는데 이것은 의존명사 '두'와 대격조사 'ㄹ'로 분석될 수 있다고 보아 대격조사가 간접적으로 나타난 것으로 해석했으나 이것이 중기국어의 '-를'에 직접적으로 대응되는 어형은 아니며, 나타나는 용례도 극히 드물다. 「삼국유사」 소재 향가에서도 '-肹'로 실현되는 것이 대부분이어서 '-를'이 '-로'에 비해 뒤늦게 발달한 것일 가능성이 크다. 차자 표기 자료에서 그 형태가 발견되지 않는다고 해서 이를 바탕으로 그것의 문법적 실현이 없었다고 단정지을 수는 없다. 그럼에도 불구하고 신라시대 이두문에서는 '-를'로 실현되는 문법 형태가 없었던 것과는 달리, '以'의 표기는 이른 시기부터 용례를 확인할 수 있을 뿐만 아니라 실현 양상도 다양했다는 사실은 당시 '-를'이 가졌던 의미 기능이 다른 격조사에 의해서 실현 가능했음을 간접적으로 말해 주는 것으로 해석할 가능성이 크다. 그러므로 당시 이미 활발하게 쓰였던 '-로(以)'에 의해 이러한 '-를'의 대상역의 기능이 어느 정도 실현된 것은 아닌가 하는 추정을 해 본다.

(14) ㄱ. 象을 다 七寶로 <u>꾸미시고</u> <月釋 10:27b>

　　ㄴ. 佛子돌히…塔을 싁싀기 <u>꾸미니</u> <釋詳 13:24b>

(15) ㄱ. 獄卒이 긴 모드로 모매 <u>박고</u> 비슬흘 지지더라 <月釋 23:87a>

　　ㄴ. *獄卒이 모매 <u>박고</u> 비슬흘 지지더라

(14ㄱ)은 '코끼리를 다 칠보로 꾸미시고'의 의미로, '象을'이 '꾸미다'의 대상 논항이며, '七寶로'가 '도구' 논항으로 실현되었다. (14ㄴ)은 '불자들이…탑을 장엄하게 꾸미니'의 의미로 '꾸미다'는 주어 외에 '대상'의 '塔을'만을 논항으로 취하였다. 즉 (14ㄱ)의 'NP로' 논항은 도구 논항으로, 그것이 문장에서 실현되지 않아도(14ㄴ), 구문을 구성하는 데 있어 문제가 없는 것이다. 이와는 달리 (15)에서 실현된 'NP로' 논항은 구문에서 실현되지 않으면 비문이 된다. (15ㄱ)은 '옥졸이 긴 못을 몸에 박고…'의 의미로, '긴 모드로'가 '대상' 논항으로 실현되었다. 그런데 이것이 문장에서 생략된 (15ㄴ)의 경우는 비문이 되었다.

이상에서 중기 국어의 일부 자동 구문에서 대상 논항이 'NP로'로 실현된다는 사실을 알 수 있었다. 또한 중기 국어의 대상의 'NP로'는 도구의 'NP로'와 통사·의미적으로 차이를 보인다는 사실을 확인할 수 있었다. 이 책은 이러한 대상의 'NP로'를 논항으로 취하는 구문을 대상 행위 자동사 구문으로 분류하였다.

예문 (16)은 발화 행위 자동사가 실현된 구문이다. 발화 행위 자동사는 발화 행위를 하는 행 위주와 발화의 대상이 되는 수혜자 논항이 요구되는 동사이다.

제2장 / 중기 국어 동사 구문 변화

(16) 國王大臣과 公事홇 사르미 내 弟子와 袈裟 니븐 사르미게 <u>구지저</u> 辱ᄒ며

티며 얽ᄆ며 브리며 (國王大臣 及斷事者 於我弟子 及著袈裟 罵辱打縛 或驅使)

<月釋 25:34a>

예 (16)은 '구짇다'가 실현된 예문으로 '국왕대신과 공사할 사람이 내 제
자와 가사 입은 사람에게 꾸짖어 욕하며 치며 얽매며 부리며'의 의미이다.
여기서 발화를 하는 행 위주는 '國王大臣과 公事홇 사르미'가 되며 발화의
대상이 되는 수혜자 논항은 '사르미게'로 실현되었다.

예문 (17)은 상호 행위 자동사가 실현된 구문이다. 상호 행위 자동사는
'행 위주' 외에 행위를 함께 하는 '공동'의 논항이 실현되는 동사이다. '싸호
다'가 대표적인 용례로 예 (17)이 이를 보여준다.

(17) 네 엇뎨 佛子와 <u>싸호는다</u> <月釋 4:22a>

예 (17)은 '네가 어찌 불자와 싸우는가?'의 의미로 (17)에서 '행 위주'는
'네'이며 '공동'의 논항으로 '佛子'가 실현되었다.

예문 (18)은 행위성 자동사의 마지막 유형으로 이동 행위 자동사가 실현
된 경우이다. 이동 행위 자동사는 행 위주와 행 위주의 이동을 나타내는
지향점, 기점, 경로의 논항이 요구되는 동사이다. 이 책은 행 위주와 지향점
논항을 요구하는 자동사를 지향 이동 자동사, 행 위주와 기점 논항을 취하
는 자동사를 기점 이동 자동사, 그리고 행 위주와 경로 논항을 취하는 자동
사를 경로 이동 자동사로 파악하고자 한다. 예 (18ㄱ)-(18ㄷ)은 지향 이동

자동사가, 예 (18ㄹ)-(18ㅁ)은 기점 이동 자동사가, 그리고 예 (18ㅂ)-(18ㅇ)이 있다.

(18) ㄱ. 願흔든 내 어미…惡道애 <u>돋디</u> 아니케 호쇼셔 <月釋 21:57a>

　　ㄱ'. 軍이 미처 오거늘…뫼흐로 <u>돋거늘</u>　<內訓 3:48a>

　　ㄴ. 劉氏의 싀어미 길헤 <u>나아</u> 病ᄒ야늘 볼힛 피 내야 藥애 섯거 머기니

　　　　　　　　　　　　　　　　　　　　　<三綱孝 31>

　　ㄷ. 곧 巴峽을 조차셔 巫峽을 들워 믄득 襄陽으로 <u>ᄂ려</u> 洛陽을 向호리라

　　　　　　　　　　　　　　　　　　　　　<杜詩 3:24b>

　　ㄹ. 百千 媒女ㅣ 샹녜 조차 노로디 그 겨틔 <u>떠나디</u> 아니호리라

　　　　　　　　　　　　　　　　　　　　　<觀音經 4b>

　　ㅁ. 東門으로 <u>나샤</u> 北門으로 드르샤 <釋詳 23:25a>

　　ㅂ. 혼 童子ㅣ 방하애 <u>디나가며</u> <六祖上 38a:1-2>

　　ㅅ. 뎌 녁 ᄀ새 <u>걷나가샤</u> <釋詳 13:4b>

　　ㅇ. 빈츨 기우려 믌결로 드러가ᄂ니 횟돈 듸로 <u>디나며</u> 믌ᄀ술 ᄀ리텨 가
　　　 險阻호ᄆᆯ 업시ᄒ놋다 (欹帆側柁入波濤 撤漩捎濆無險阻)

　　　　　　　　　　　　　　　　　　　　　<杜詩 25:47a>

　지향 이동 자동사 구문은 다시 지향점 논항이 'NP에/로'로 나타나는 예 (18ㄱ), 'NP에'로만 나타나는 예 (18ㄴ), 그리고 'NP로'로만 나타나는 예 (18ㄷ)으로 구분된다. 기점 이동 자동사의 경우에도 기점 논항이 'NP에'로 실현되는 예 (18ㄹ)의 경우와, 'NP로'로 실현되는 예 (18ㅁ)의 경우가 있다.

경로 이동 자동사 또한 경로 논항이 'NP에/로' 논항을 모두 취하는 예 (18
ㅂ)의 경우와 경로 논항이 'NP에'로만 실현되는 예 (18ㅅ), 그리고 'NP로'
의 경로 논항만 실현되는 예 (18ㅇ)으로 나뉜다.

　행위성 자동사 부류를 제외하면 중기 국어의 자동사는 주어에 대상, 피
동주, 경험주 등의 의미역을 할당한다. 이러한 부류의 자동사를 행위성 자동
사와 구분하기 위해 비행위성 자동사로 부르고자 한다. 비행위성 자동사는
'피동주' 주어 논항을 선택하는 피동 자동사, '경험주' 주어 논항을 취하는
심리 자동사, 사유 자동사, 인지 자동사, 지각 자동사, 그리고 '대상' 주어를
논항으로 가지는 변성 자동사, 존재 자동사, 대상 자동사, 원인 자동사, 기준
자동사, 분열 자동사, 대칭 자동사, 그리고 대상 이동 자동사가 있다. 각각의
구문 유형을 예를 들어 살펴보겠다.

　예문 (19)는 피동 자동사가 실현된 구문이다. 피동 자동사는 '피동주'만을
논항으로 요구하는 단순 피동 자동사를 비롯하여 피동주 외에 원인, 장소,
행위, 결과 논항을 가지는 동사가 모두 피동 자동사에 포함된다.

(19) ㄱ. 風土이 質朴호몰 드로니 또 다시 田疇ㅣ 여러 <u>가랏도다</u> <杜詩 19:28b>

　　ㄴ. 더운 것과 더운 므레 <u>ᄒ야디여</u> 허러 알프거든 (熱物湯破成瘡疼痛)

<救急方下 10b>

(19ㄱ)의 예는 피동주 '田疇ㅣ'만이 논항으로 실현된 단순 피동 자동사
'갈다'가 실현되었다. (19ㄴ)은 원인 피동 자동사 'ᄒ야디다'가 실현된 구문
으로 '피동주'는 문면에서 생략되었으며 '원인' 논항으로 '더운 것과 더운 므

레'가 실현되었다.

예 (20)은 심리 자동사가 실현된 예들이다. 심리 자동사는 경험주만을 논항으로 요구하는 단순 심리 자동사와 원인 논항이 실현되는 원인 심리 자동사와 대상 논항이 실현되는 대상 심리 자동사가 있다.

(20) ㄱ. 그제 目連이 龍王이 <u>두려ᄒᆞᄂᆞ</u> ᄃᆞᆯ 보고 (是時目連以見龍王心懷恐懼)
  <月釋 25:108a>

   ㄴ. 서늘ᄒᆞᆫ ᄇᆞ람미 南岳을 뮈우ᄂᆞ니 이 소니 榮寵애 <u>놀라ᄂᆞᆫ</u> 듯ᄒᆞ도다 (凉飆振南岳 之子寵若驚) <杜詩 25:34b>

   ㄷ. 衆의 小法 즐겨 大智예 <u>젇ᄂᆞ</u> ᄃᆞᆯ 알ᄊᆡ (知衆의 樂小法ᄒᆞ야 而畏於大智ᄒᆞᆯᄊᆡ) <法華 4:23a>

(20ㄱ)은 단순 심리 자동사 '두려ᄒᆞ다'가 실현된 예이다. '龍王이'라는 경험주 주어만이 논항으로 실현되었다. (20ㄴ)은 원인 심리 자동사 '놀라다'가 실현된 예이다. '소니'가 경험주 논항이며, '榮寵애'가 원인 논항으로 실현되었다. (20ㄷ)은 대상 심리 자동사 '젇다'가 실현된 예이다. 여기서 '大智예'는 '젇다'의 대상 논항으로 실현되었다.

예문 (21)은 사유 자동사가 실현된 예이다. 사유 자동사는 경험주만을 논항으로 가지는 단순 사유 자동사와, 사유의 대상이 논항으로 실현되는 대상 사유 자동사, 그리고 사유의 대상 논항과 함께, 대상에 대한 사유의 결과 논항이 실현되는 결과 사유 자동사가 있다.

(21) ㄱ. 迦葉이 <u>혜여</u> 닐오디 여슷 突吉羅罪를 犯ㅎ니 僧中에 다 懺悔ㅎ라

<月釋 25:5a>

ㄴ. 그제 모둔 四衆이 法에 <u>혜아려</u> 着거늘 <法華 6:92a>

ㄷ. 能티 몯호ᄆ로 能호라 <u>너길씨</u> 이런ᄃ로 일후미 大慢이라

<楞嚴 10:52a>

예 (21ㄱ)은 단순 사유 자동사 '혜다'가 실현된 예이다. '迦葉이'라는 경험주 주어만이 논항으로 실현되었다. 예 (21ㄴ)은 대상 사유 자동사 '혜아리다'가 실현된 예이다. '四衆이'가 경험주 논항이며 '法에'가 대상 논항이 된다. 예 (21ㄷ)은 결과 사유 자동사 '너기다'가 실현된 예이다. 대상 논항은 '能티 몯호ᄆ로'가 되며, 결과 논항은 '能호라'이다.

예 (22)는 인지 자동사가 실현된 구문이다. 인지 자동사는 경험주와 인지의 대상이 되는 명사구가 논항으로 실현된다.

(22) 舍利弗이 法說에 ᄒ마 <u>아라</u> 부텨 ᄃ욀 둘 제 알씨 踊躍ㅎ야 니러 몯 듣던 이룰 慶賀ㅎ니라 <月釋 12:2b>

예 (22)는 '알다'가 실현된 예이다. '사리불이 법설에 대해 이미 알아 부처 되는 것을 스스로 알기 때문에…'의 의미로, '알다'의 '대상' 논항은 '說法에'의 'NP에' 논항으로 실현되었다.

예 (23)은 지각 자동사가 실현된 구문이다.

(23) 아들둘히 아비 죽다 듣고 <月釋 17:21a>

예문 (23)은 지각 자동사 '듣다'가 실현된 예를 든 것이다. '아들들이 아버지께서 죽었다(는 말을) 듣고'의 의미를 가진다. '아들 둘히'가 경험주 논항이며 '아비 죽다'가 듣는 내용으로서, '듣다'의 논항으로 실현되었다. 'NP이 S V'의 자동 구문을 구성하였다.

다음으로 주어가 '대상' 논항을 취하는 비행성 자동사 구문을 살펴보기로 하겠다. 이들은 다시 보어의 의미역 유형에 따라 '변성 자동사, 존재 자동사, 대상 자동사, 기준 자동사, 분열 자동사, 대칭 자동사, 대상 이동 자동사'로 분류된다. 아래에 예를 들기로 한다.

(24) ㄱ. 山이 草木이 軍馬ㅣ 드뵈니이다 <龍歌 98>

　　ㄴ. 허므리 無明에 잇느니 <永嘉上 87a>

　　ㄷ. 枝流는 므리 가리여 나 正流 아닌 거시라 <圓覺上 1-1:23a>

　　ㄹ. 賢은 聖에 버그샤미오 (賢則亞聖이오) <圓覺上 1-2:75b>

　　ㅁ. 空과 봄괘 노호디 몯ᄒ야 <楞嚴 4:84a>

　　ㅂ. 法이 다 實相과 서르 어긔디 아니ᄒ실씨 일후미 實相印이라

<法華 1:207a>

　　ㅅ. 춘 ᄒᆡ 西山애 ᄂᆞ리리라 <南明上 22b>

예문 (24ㄱ)은 변성 자동사가 실현된 구문이다. 변성 자동사는 '대상'과 '결과' 논항을 요구하는 구문이다. 예문 (24ㄴ)은 존재 자동사가 실현된 구문

이다. 존재 자동사는 '대상'과 '장소'의 논항이 실현되는 소재 자동사와, '대상'과 '자격'의 논항이 실현되는 자격 자동사, 그리고 주어에 '소유주' 논항이 실현되는 소유 자동사로 세분된다. 예문 (24ㄷ)은 대상 자동사가 실현된 구문이다. 대상 자동사는 '대상' 주어만이 논항으로 실현되는 단순 변화 대상 자동사를 비롯하여 '대상' 외에 '장소' 논항이 실현되는 장소 대상 자동사, '도구' 논항이 실현되는 도구 대상 자동사, '결과' 논항이 실현되는 결과 대상 자동사가 있다. 예문 (24ㄹ)은 기준 자동사가 실현된 구문이다. 기준 자동사는 '대상'과 '기준' 논항이 요구되는 자동사이다. 이는 다시 기준 논항이 대상 주어의 정도성을 나타내는 정도 기준 자동사와 기준 대상 명사가 논항으로 실현되는 대상 기준 자동사로 구분된다. 이 가운데 (24ㄹ)은 대상 기준 자동사가 실현된 예문으로 대상 명사는 '賢'이고, '기준' 논항은 '聖에'가 실현되었다.

예문 (24ㅁ)은 분열 자동사가 실현된 구문이다. 분열 자동사는 '대상'의 주어 논항이 복수주어로 실현된다. (24ㅁ)은 분열 자동사 '는호다'가 실현된 예로 '空과 봄꽤'이가 '대상'의 복수주어로 실현되었다. 예문 (24ㅂ)은 대칭 자동사가 실현된 구문이다. 대칭 자동사는 분열 자동사와 마찬가지로 '대상' 주어가 '복수주어'로 실현되는 구문으로 분열 자동사와 차이점은 그것이 부사 '서르'와 공기할 수 있느냐의 여부에 있다. 즉 분열 자동사는 '서르'가 실현되지 않는 반면, 대칭 자동사는 '서르'가 실현되어 구문을 구성한다. 그리고 대칭 자동사는 'NPpl이 서르 V' 구문이 'NP이 NP와 V' 구문으로 변환될 수 없는 단순 대칭 자동사, 변환될 수 있는 비교 대칭 자동사로 구분된다.

예문 (24ㅅ)은 대상 이동 자동사가 실현된 구문이다. 대상 이동 자동사는

'대상'과 대상의 이동을 나타내는 '방향' 혹은 '기점' 논항이 요구되는 자동사이다. (24ㅅ)은 '방향'의 'NP에'가 실현된 구문으로 '쳔히'가 '대상' 주어이며, '西山애'가 '방향'의 논항으로 실현되었다.

2.2.2. 타동사의 논항과 기본 문형

중기 국어 타동사의 기본 문형의 틀은 현대국어와 크게 다르지 않다. 중기 국어의 타동사의 기본 문형 역시 논항의 의미역 유형에 따라 문형이 결정된다. 타동사 구문의 주어는 대체로 행 위주· 의미역을 가지나 그렇지 않은 경우의 문형도 있다. 주어에 '행 위주·' 논항을 요구하는 타동 구문은 목적어 및 보어에 어떤 의미역이 실현되느냐에 따라 문형이 결정된다. '행 위주·'를 주어 논항으로 취하는 타동 구문에 대해 살펴보기로 하겠다. '행 위주·'를 주어 논항으로 취하는 타동 구문은 타동사가 취하는 논항구조에 따라 위치 타동사, 피해 타동사, 전환 타동사, 도구 타동사, 수혜 타동사, 비교 타동사, 교호 타동사, 그리고 명명 타동사로 세분화된다.

예문 (25)는 위치 타동사가 실현된 예이다. 위치 타동사는 행 위주· 의 'NP이', 대상의 'NP를'과 함께 장소의 'NP에' 논항을 더 요구하는 구문이다.

(25) 金棺애 비츨 フ리오시며 玉毫애 비츨 <u>거두어시놀</u> (金棺애 揜耀ᄒ시며 玉毫 애 收彩어시놀) <永嘉序 6a>

예문 (25)는 위치 타동사 '거두다'가 실현된 예이다. '玉毫애'가 장소 논항이고, '비츨'이 대상 논항으로 실현되어 'NP이 NP를 NP에 V'의 구문을 형성하였다. 위치 타동사로 실현되는 것들 가운데는 자·타 겸용 동사의 용법을 가지는 것들이 많다. 'NP이 NP를 NP에 V'의 타동 구문에 대해 'NP이 NP로 NP에 V'의 자동 구문이 통사·의미적 대응관계를 가지고 실현되었다.

예문 (26)는 피해 타동사가 실현된 구문이다. 피해 타동사는 타동사가 '피해자'의 'NP를' 논항을 요구하는 구문이다. 예문 (27)은 결과 타동사가 실현된 용례이다. 결과 타동사는 행 위주·와 대상, 결과 논항을 요구하는 구문이다.

(26) 나옷 그듸를 <u>소기논</u> 디면 훈 누니 乃終내 몯 뵤코 <月釋 22:58b>

(27) 大千沙界를 온 조가개 <u>뿌리도다</u> <金三 2:72b>

예문 (26)는 '소기다'가 실현된 예이다. 여기서 '그듸를'이 피해자 논항으로 실현되었다. 예 (27)에서 '大千沙界를'은 대상의 목적어 논항이며, '온 조가개'는 '지향점' 논항으로 실현되었다. 지향점 논항이 'NP에'로 실현되며, 어떤 환경에서는 결과의 'NP에'가 'NP로' 논항으로도 나타난다는 것이 특징이다.

예문 (28)은 전환 타동사가 실현된 예이다. 전환 타동사는 행 위주·와 대상, 그리고 결과 논항을 요구하는 구문이다.

(28) 사룸 주기디 아니호모로 根本을 <u>사마</u> 업더디ᄂᆞ닐 니ᄅᆞ와ᄃᆞ며 <內訓 2:87b>

예문 (28)은 '삼다'가 실현된 예로, '사람을 죽이지 않는 것을 근본으로 삼아'의 의미를 가진다. '사룸 주기디 아니호ᄆ로'가 '삼다'의 '대상' 논항이 되며 '根本을'이 '결과' 논항으로 실현되었다. 여기서 특징적인 사실은 '삼다'의 대상 논항이 'NP로' 논항으로 실현되었으며 결과 논항이 'NP를'로 실현되었다는 점이다.

예문 (29)는 도구 타동사가 실현된 구문이다. 도구 타동사는 '행 위주·'와 '대상' 논항 외에 '도구' 논항을 필요로 하는 구문이다.

(29) ㄱ. 밀 흔 무저글 더운 수레 <u>노겨</u> 머그면 즉재 됴ᄒ리라 <救簡 6:77b>

ㄴ. 韄은 가츠로 物을 <u>믓글</u> 씨오 <楞嚴 10:70b>

예문 (29ㄱ)은 '노기다'가 실현된 예이다. 여기서 '밀 흔 무저글'이 '노기다'의 대상 논항이며, '더운 수레'가 도구 논항으로 실현되었다. 예 (29ㄴ)은 '믓다'가 실현된 예로, '가츠로'가 도구 논항이 되며, '物을'이 대상 논항이 된다. 이처럼 도구 논항은 'NP에' 논항으로 실현되는 경우와 'NP로' 논항으로 실현되는 경우가 있다.

예문 (30)은 수혜 타동사가 실현된 구문이다. 수혜 타동사는 '행 위주·'와 '대상', 그리고 '수혜자' 논항이 실현되는 구문이다.[12]

---

[12] 이러한 구문에 대해 수여 동사 구문이라는 명칭을 사용하기도 한다. 그러나 본 저서에서 수여 동사 대신 수혜 타동이란 용어를 취한 것은 수여 행위가 직접적으로 이루어지는 '주다' 외에도 '맛디다, 알외다' 등이 '주다'와 유사한 구문구조를 가지는데, 이들을 같은 문형 속에서 파악하기 위해서이다.

(30) ㄱ. 長者ㅣ 아들들호 各各 흔 가짓 큰 술위를 <u>주니</u> <月釋 12:29b>

　　ㄱ'.長者ㅣ 보비옛 큰 술위로 아들들호 골오 <u>주니</u> 虛妄타 ᄒ려 몯ᄒ려

　　　　　　　　　　　　　　　　　　　　　　<月釋 12:33a>

　　ㄴ. 쳔황련 달힌 므를 어미롤 <u>머기라</u> <救簡 7:18b>

　　ㄷ. 朝廷이 偏히 ᄠ들 네게 <u>브서</u> 接近흔 일훔난 潘屛을 주시도다 (朝廷偏

　　　　注意 接近與名藩) <杜詩 23:13a>

　　ㄹ. 舍利弗아 내 녜 너를 佛道롤 ᄠ데 願ᄒ라 <u>ᄀᄅ쳐늘</u> <法華 2:31a>

　수혜 타동사는 대상의 '목적' 논항과 '수혜자' 논항의 실현 양상에 따라 네 가지 유형으로 구분된다. (30ㄱ)은 대상이 'NP를', 수혜자가 'NP를' 논항으로 실현된 구문으로, 대상의 'NP를'이 'NP로' 논항으로도 실현 가능한 경우이다. (30ㄱ')가 대상의 'NP로' 논항이 실현된 예이다. 예 (30ㄴ)은 대상과 수혜자 논항이 모두 'NP를'로만 실현되는 구문이다. 예 (30ㄷ)은 대상의 'NP를'과 수혜자의 'NP에' 논항이 실현되는 구문이다. 예 (30ㄹ)은 수혜자가 'NP를' 논항으로 대상 논항이 'S'로 실현되는 구문이다.

　예문 (31)은 비교 타동사 구문의 실현 예이다. 비교 타동사는 '행 위주·', '대상' 논항 외에 비교의 '기준'이 되는 논항을 더 요구하는 구문이다.

(31) ㄱ. 계조 ᄲᅡ굴 湏彌山애 견주며 반됫브를 히ᄃ래 <u>견주며</u>

　　　　　　　　　　　　　　　　　　　　<月釋 4:28b-29a>

　　ㄴ. 나믄 ᄠ들 알풀 <u>견주라</u> <楞嚴 3:7b>

　　ㄷ. 우희 흔 사ᄅᆞ무로 흔 나라홀 <u>견주시고</u> <楞嚴 2:94a>

예문 (31)은 '견주다'가 실현된 예이다. (31ㄱ)의 '계ᄌ 짜글', (31ㄴ)의 '나ᄆ 뜨들', (31ㄷ)의 '흔 나라홀'은 모두 '견주다'의 대상 논항이다. 비교의 기준이 되는 논항은 'NP에', 'NP를', 'NP로' 등으로 실현되었다. (31ㄱ)의 '湏彌山애', (31ㄴ)의 '알플', 그리고 (31ㄷ)의 '흔 사ᄅ ᄆ로'가 각각 '견주다'의 기준 논항으로 실현되었다. 이는 중기 국어에서 조사 '-에/로/를'이 가졌던 비교의 기능에서 비롯된 것이다.

예문 (32)는 교호 타동사가 실현된 예이다. 교호 타동사는 '행 위주·'와 '대상', 그리고 공동의 'NP와' 논항이 요구되는 구문이다.

(32) 胎衣 나디 아니커든 고류딕 밀홀 폿과 <u>섯거</u> 글혀 딘게 ᄒ야 그 汁을 마시면 즉자히 나ᄂ니 (胎衣不出小麥合小豆煮令濃飮其汁入出) <救急方下 92b>

예문 (32)에서 '밀홀'이 대상 논항으로 실현된 것이며, '폿과'가 공동 논항으로 실현된 것이다. 교호 타동사는 'NP이 NP와 NP를 V'의 구문이 'NP이 NP를 NP와 V'의 구문으로도 실현되는 경우와 'NP이 NP와 NP를 V'의 논항구조만 가지는 경우가 있다. 예 (32)는 전자의 경우에 해당한다.

예 (33)은 명명 타동사가 실현된 예이다. 명명 타동사는 행 위주· 외에 대상과 결과를 논항으로 요구하는 구문이다.

(33) 强臣이 皇化를 降伏 아니커든 곧 도ᄌ기라 <u>브르다가</u> (强臣不賓皇化則呼爲賊) <圓覺下 3-1:52b-53a>

대상 논항은 'NP를'로 실현되며 결과 논항은 '명제(S)' 혹은 'NP로'로 실현된다. 예 (33)은 결과 논항이 'S'로 실현된 것이다.

다음으로 비행 위주·를 주어로 취하는 타동사 부류에 대해 살펴보기로 하겠다. 비행 위주· 주어에서 실현되는 의미역으로는 사역주, 경험주, 피동주 등이 있다. 이에 따라 타동 구문은 '사역주'를 주어 논항으로 취하는 사역 타동사, '경험주'를 주어 논항으로 가지는 심리 타동사, 지각 타동사, 인식 타동사, 사유 타동사, 그리고 '피동주'의 주어 논항이 실현되는 피동 타동사로 나뉜다.

예 (34)은 사역 타동사가 실현된 구문이다. 사역 타동사는 '사역주'와 '피사역주' 논항이 실현되는 구문이다.

(34) 부톄 剃師를 <u>시기샤</u> <月釋 7:8b>

(35) ㄱ. 勝熱婆羅門을 王宮에 <u>브리샤</u> 錫杖을 후느더시니 <月釋 8:77b>

　　ㄴ. 아바님 그리샤 梵志優陁耶를 슬봉라 <u>브리시니</u> <月曲 41a>

예문 (34)는 '시기다' 구문으로 사역주 '부톄'와 피사역주 '剃師를'이 논항으로 실현되었다. 예 (35)는 '브리다'가 실현된 예이다. 예 (35ㄱ)은 '사역주'의 '王이'와 '대상'의 '左右梵志를', 그리고 장소의 '王宮에' 논항이 실현된 용례이다. 부림의 내용이 되는 명사구가 'S'로 실현되기도 한다. 예 (35ㄴ)의 '梵志優陁耶를 슬봉라'가 이에 해당한다.

예 (36)은 경험주를 주어 논항으로 가지는 구문들이다. 여기에는 심리 타동사, 지각 타동사, 인식 타동사, 그리고 사유 타동사가 있다.

(36) ㄱ. 그 쁴 窮子ㅣ 비록 이 맛나믈 깃그나 <月釋 13:25b>

ㄴ. 내 아래브터 부텻긔 이런 마롤 몯 듣ᄌᆞᄫᅳ며 <釋詳 13:42b>

ㄷ. 사ᄅᆞ미 이 두 菩薩ㅅ 일후믈 알면 一切世間앳 天人이 禮數ᄒᆞ야

<釋詳 21:48b>

ㄹ. 觀世音菩薩이 四衆과 天龍人 非人 等을 어엿비 너기샤 <釋詳 21:18a>

예문 (36ㄱ)은 심리 타동사가 실현된 용례이다. 타동사 '깄다'가 실현된 예로, '窮子ㅣ'가 경험주 논항이며, '맛나믈'이 '깄다'의 대상 논항으로 실현되었다. 이러한 심리 타동사의 실현은 중기 국어 타동 구문의 특징 중 하나이다. 현대국어에서는 심리 형용사에 '-어 ᄒᆞ다'가 통합한 '기뻐하다, 슬퍼하다' 등의 구성으로 심리 타동 구문이 실현되는 데 반해, 중기 국어에서는 '-어 ᄒᆞ다'의 통합 없이도 심리 타동 구문을 형성했던 것이다.

예문 (36ㄴ)은 지각 타동사가 실현되었다. 타동사 '듣다'가 실현된 예로, '내'가 '경험주' 논항으로 실현되었으며, '마롤'이 지각의 대상이 된다.

예문 (36ㄷ)은 인식 타동사가 실현된 예이다. 인식 타동사 '알다'가 실현된 것으로, '사ᄅᆞ미'가 '경험주' 논항이며, '일후믈'이 인식의 대상 논항으로 실현되었다.

예문 (36ㄹ)은 사유 타동사가 실현된 경우이다. 사유 타동사는 사유의 주체가 되는 경험주와 사유 대상만이 실현되는 경우와 여기에 사유의 결과 논항까지 실현되는 구문이 있다. 예 (36ㄹ)의 '너기다'는 후자의 경우에 해당하는데, 사유의 결과 논항은 부사어로 실현되기도 하고 명제 논항 'S'로 실현되기도 하여 'NP이(경험주) NP를(대상) Adv/S V'의 구문을 구성한다.

예문 (37)은 피동 타동사가 실현된 예이다. 피동 타동사는 '피동주'와 '대상'을 각각 주어와 목적어 논항으로 취하는 구문이다.

(37) ᄆᆞ리 사ᄅᆞᆯ 마자 馬구에 드러 오나ᄂᆞᆯ <龍歌 109>

(37)은 '맞다2'가 실현된 예로, '말이 화살을 맞아 마구간에 들어오니'의 의미이다. 'ᄆᆞ리'가 피동주 논항이며, '사ᄅᆞᆯ'이 대상 논항으로 실현되었다.

2.2.3. 형용사의 논항과 기본 문형

중기 국어 형용사의 문형은 성상 형용사, 비교 형용사, 평가 형용사, 존재 형용사, 심리 형용사의 구문으로 파악된다.[13] 이는 현대국어 형용사의 기본 문형 틀과 크게 차이나지 않는 모습이다. 형용사의 경우에도 앞서 자동사, 타동사 문형에서와 마찬가지로 구문에서 실현되는 논항의 의미역 유형에 따라 형용사의 유형이 다시 구분될 수 있다. 15세기 국어 형용사는 주어의 의미역이 '대상'인 경우와 '경험주'인 경우로 나뉜다.

아래 예문 (41ㄱ)-(41ㄹ)은 모두 '대상' 주어를 논항으로 가지는 구문이

---

13) 중기 국어 형용사 전반을 대상으로 기본 문형을 설정한 논의로 이영경(2003)이 있다. 이영경(2003)은 형용사가 요구하는 논항에 따른 기본 문형을 살피고 이를 토대로 형용사를 심리, 성상, 비교, 평가, 존재 형용사로 분류하였다. 이는 남기심·고영근(1985/ 1993)의 분류와 거의 일치하는 것으로 본 논의에서도 이 체계에서 크게 벗어나지 않는다. 그러므로 본 서는 형용사의 기본 문형을 논의함에 있어 자동사나 타동사의 기본 문형에서 살펴본 것처럼 각각의 개별 문형에 대해 일일이 예를 들어 구체적으로 설명하는 방식을 취하지는 않겠다.

다. 이들은 형용사의 의미에 따라 성상, 비교, 평가, 존재 형용사로 구분된다.

(41) ㄱ. 나히 크며 져곰 겨시며 (年紀ㅣ 有大小ᄒᆞ시며) <法華 5:137b>

　　ㄴ. 알핏 靜을 取호ᄆᆞᆫ 涅槃애 ᄀᆞᆮᄒᆞ니라 (前取靜은 同於涅槃ᄒᆞ니라)

<圓覺下 2-1:41a>

　　ㄷ. 이 覺이 天然ᄒᆞ야 木石에 머니 (此覺이 天然ᄒᆞ야 木石에 遠矣니)

<永嘉上 72b>

　　ㄹ. 天下애 病이 업서 사ᄅᆞᄆᆡ 나히 그지 업시 오라더니 <月釋 1:46a>

예문 (41ㄱ)은 성상 형용사가 실현된 구문이다. 성상 형용사는 '대상' 주어만을 논항으로 취하는 단순 성상 형용사와, '대상'과 '장소' 논항이 요구되는 처소 성상 형용사가 있다. 예 (41ㄱ)은 '나히'라는 '대상' 주어만이 논항으로 실현된 단순 성상 형용사의 용례이다.

예문 (41ㄴ)은 비교 형용사가 실현된 구문이다. 비교 형용사는 '대상' 주어와 '기준' 논항이 요구되는 형용사이다. 이는 비교의 내용에 따라 동등 비교 형용사, 차등 비교 형용사로 나뉜다. (41ㄴ)은 동등 비교 형용사의 용례이다.

예문 (41ㄷ)은 평가 형용사가 실현된 구문이다. 평가 형용사는 '대상'과 '기준' 논항이 요구되는 형용사이다. 비교 형용사는 평가 형용사와 같은 논항 구조를 가지지만 형용사의 의미에 의해 구분되는 것이다. (41ㄷ)은 비교 형용사 '멀다'가 실현된 예이다. '대상' 주어는 '覺이'며 '기준' 논항으로 '木石에'가 실현되었다.

예문 (41ㄹ)은 존재 형용사가 실현된 구문이다. 존재 형용사는 존재하는

'대상'과 '장소' 논항이 실현되는 소재 형용사가 기본적인 문형이다. 이 외에 존재 형용사의 의미에 의해 '대상'과 '자격' 논항이 실현되는 자격 형용사가 실현되었다. (41ㄹ)은 소재 형용사의 실현 예이다.

(42)는 '경험주'를 주어 논항으로 가지는 구문이다.

(42) 픐룻가시 다 五欲이 <u>즐겁디</u> 아니ᄒ고 <釋詳 3:22b>

예문 (42)는 심리 형용사가 실현된 구문이다. 심리 형용사는 주어에 경험 주의 의미역을 할당하는 부류로 기존의 논의에서 '주관 형용사'로 분류되어 온 것이다. 예 (42)는 심리 형용사 '즐겁다'가 실현된 예이다.

2.3. 우리말 서술어 구문의 변화 원인

이 장에서는 위에서 고찰한 우리말 서술어 구문의 변화 유형을 바탕으로 구문 변화의 원인을 살펴보고자 한다. 이에 대해서는 언어 내적 측면과 외적 측면의 입장에서 살펴볼 수 있다.

2.3.1. 언어 내 체계 변화 원인

서술어 구문에 관한 역사적 변화는 대체로 문법 내적 요인에 의해 일어난다. 문법 내적 요인에 의한 것은 문법 체계에 변화가 일어남에 따라 구문에 변화가 생기는 경우와 동사의 의미가 변함에 따라 구문에 변화가 생기는 경우로 구분된다. 전자는 변화하는 양상이 구조적이고 체계적인 변화라서 규칙적인 변화 양상을 나타내는데 반해 후자는 동사 개별적인 의미 변화로 인해 생기는 것이므로 규칙적인 모습을 찾아내기가 힘들다. 더러 같은 변화를 보이는 부류의 것들도 있기는 하나 의미의 변화라는 것이 개별적인 양상을 띠는 것이 많아서 변화의 모습을 체계화하기는 어렵다.

2.3.1.1. 문법 변화와 구문 변화(규칙적 변화)

문법 체계의 변화는 말 그대로 체계적인 변화이기 때문에 규칙적으로 적용되는 것이 일반적이다. 그러므로 이러한 규칙적 변화로 인해 생기는 동사 구문의 변화 역시 규칙적인 변화의 모습을 보이는 것이 당연하다. 문법 체계의 변화로 일어나는 구문 변화로는 피·사동사의 발달로 인해 동사의 범주가 사라지는 경우, 문법화로 인해 몇몇 동사 구문이 형태론적 구성으로 실현되는 경우, 명사형어미 '-기'의 발달로 인해 논항이 형성되면서 구문이 확장되는 경우, 그리고 새로운 조사가 출현하거나 조사의 기능이 변하면서 동사의 논항구조에 일정한 변화가 생기는 경우 등이다. 이들의 변화는 모두 구조적, 체계적으로 일어나기 때문에 이로 인해 생기는 구문구조의 변화 역시 규칙적이다.

가. 피·사동사의 발달과 구문 변화

중기 국어의 일부 자동사들은 그 통사·의미적 특성이 피동사와 유사한 것들이 있다. 이들은 대부분 능격동사의 자동 구문을 형성하는데 이들이 자동사의 기능을 상실하게 되는 것은 피동사의 발달이 영향을 끼친 것으로 보인다. 이러한 변화를 겪는 자동사는 자·타 겸용 동사로 실현되던 일부 자동사와 자·형 겸용 동사 중 일부의 자동사들이다. 이들의 자동사적 용법은 피동사로 대체되어 실현된다. 하나의 형태가 자·타동사, 자·형 동사의 기능을 모두 가지고 실현되다가 피동사와 기능 분담을 하게 된 것이다. 피동사로 실현될 수 있는 문법적 장치는 피동접사가 결합하거나 '-어 디다'가 통합되는 것이다. 자·타 겸용 동사로 실현되던 자동사 구문은 대체로 피동접사가 결합한 어형의 실현으로 자동사적 기능이 대체되고 자·형 겸용 동사로 실현된 자동사 구문은 '-어 디다' 구성에 의해 자동사 구문이 대체되는 경향이 있다.

타동사의 경우, 공시적으로 혹은 통시적으로 해당 타동사와 통사·의미적으로 관련 있는 사동사들이 실현됨으로써 일부 타동사들이 그 기능을 잃게 되는 구문 변화를 겪게 된다. 여기서도 사동사에 의해 타동 구문이 실현되는 어휘들은 이들의 통사·의미적 실현이 사동사와 차이가 없어 사동구문의 테두리에 넣어도 무방한 것들이다. 이에 속하는 타동사들은 모두 사동접사가 통합된 어형으로 그들의 타동사적 기능이 대체된다.

나. 'V-어 ᄒᆞ다' 합성법의 발달과 구문 변화

중기 국어의 심리 형용사 중에 타동 구문을 구성하는 부류가 있다. 현대국어에서는 심리형용사에 'V-어하다' 구성이 통합되어야만 타동 구문으로 실현되는 데 반해, 중기 국어에서는 그러한 구성이 실현되지 않아도 타동사로 실현되어 심리 구문을 형성할 수 있다는 점이 현대국어와 다른 점이다. 이들 형·타 겸용 동사의 용법은 근대국어에 들어오면서 줄어들게 되는데, 여기에는 근대국어 동사 합성법의 구조적인 변화가 영향을 끼쳤다. 근대국어에 들어오면 동사합성은 동사 어간과 어간이 바로 결합하는 합성법보다는 선행 동사 어간이 '-어/아'를 취하여 후행 동사와 결합하는 방식이 생산적으로 이루어졌다. 특히 'ㅎ다' 동사와의 결합 빈도가 높아 'V-어 ㅎ다' 구성이 생산적으로 실현되었다. 이들 'V-어 ㅎ다' 구성이 심리 형용사에 결합하여 타동 구문을 형성하게 되고, 이로 인해 심리 형용사의 타동적 용법은 사라지게 된 것이다.

다. '-기' 명사형어미의 발달과 구문 변화

현대국어의 형용사 중에는 'S-기에' 구성을 가짐으로써 구문을 형성하는 경우가 있다. 그런데 이 때의 'S-기에' 논항은 중기 국어 형용사 구문에서는 실현되지 않는다. 'S-기에'는 'S'에 명사형 어미 '-기'가 통합하고 여기에 다시 조사 '-에'가 통합한 것인데 중기 국어에서는 명사형 어미 '-기'가 실현되지 않았기 때문이다. 그러므로 'S-기에' 논항이 형성되는 것은 명사형 어미 '-기'가 발달하면서 일어나는 변화이다. 중기국어에서는 명사형 어미의 기능이 대부분 '-옴'에 의해서 실현되었지만 근대국어로 들어오게 되면 명사형 어미 '-기'가 생산적으로 실현되는 문법의 변화가 일어나게 된다. 이러한 문법의 변화로 인해 몇몇 형용사 구문의 논항 실현에 변화가 생긴다. 즉 'NP이 V'의 구문으로만 실현되던 형용사들이 구문에서 'NP에', 'S-기에' 혹은

'S-기가'의 논항을 취하게 됨으로써 논항구조가 확장되는 변화를 가지게 된다. 아울러 이것이 논항으로 실현된 몇몇 구문은 평가 형용사 구문을 형성하기도 한다.

라. 조사의 기능 변화와 구문 변화

조사의 변화라는 말 속에는 세 가지의 뜻이 내포되어 있다. 첫째, 기존에 실현되는 조사 형태가 소멸한 경우이다. 둘째, 새로운 조사의 형태가 출현한 경우이다. 셋째, 기존에 실현되었던 조사의 기능이 달라진 경우이다. 이 중에서 격조사의 형태가 통시적으로 소멸한 경우는 없으므로 첫 번째 경우는 제외된다. 이 책에서 살펴보고자 하는 조사의 변화로는 두 번째와 세 번째의 유형이다. 즉 기존에 실현되지 않았던 조사가 실현됨으로써 동사 구문구조에 변화가 생기는 경우와 조사의 기능이 달라지면서 동사 구문에 체계적인 변화가 일어나는 경우이다. 이 두 가지의 변화에 따라 동사의 논항구조에 변화가 생긴다.

조사의 기능이 변함에 따라 동사 구문에 변화가 생기는 경우로는 '비교'의 기능을 가진 조사 '-이/에/로' 등과 '대상'의 기능을 가진 '-에/로'가 있다. 새로운 조사가 출현함으로써 동사 구문구조에 변화가 생긴 경우도 있다. 중기 국어에서는 실현되지 않았던 조사가 근대국어에서 생겨나면서 이것이 통합한 명사구가 동사 구문의 논항으로 실현되는 경우이다. 이에 속하는 것으로는 인용 조사 '-고'가 있다.

먼저 첫 번째 유형에 속하는 조사의 변화에 대해 살펴보겠다. 중기 국어의 격조사 '-이', '-에/의게'는 비교 구문을 실현시키는 동사의 지배를 받으면 의미적으로 비교 혹은 기준의 기능을 가진다. 그리하여 이들이 통합한 명사구는 비교 구문에서 비교의 '기준' 논항으로 실현되었다. 그런데 이러한 비교의 기능을 가졌던 조사들은 근대국어 뒷 문헌으로 갈수록 그 기능이 약해진다. 이에 따라 이들 조사가 통합된 명사구들을 논항으로 취했던 동사들의 논항구조에도 변화가 있게 된다. 즉 비교의 조사가 통합한 논항들이 구문에서 사라지게 되는 것이다. 이러한 변화는 자동사, 타동사, 형용사 구문 전체에 적용되는 동사 구문의 변화로 다루어질 것이다. 중기 국어의 격조사 '-로'가 실현된 구문을 살펴보면 '도구격' 혹은 '향격'으로는 파악할 수 없는 경우가 있다. 즉 문맥상 '-을/를'이 실현되어야 할 자리에 실현되어 '대상'의 기능을 가지고 실현된 경우가 있는 것이다.

2.3.1.2. 의미 변화와 구문 변화(개별적 변화)

동사 구문의 변화에 영향을 주는 것 중에 중요한 변수로 작용하는 것이 동사의 의미 변화이다. 여기서 말하는 의미 변화는 통시적 관점에서의 의미 변화를 가리키는 것이다. 동사 구문의 변화를 일으키는 원인 중의 하나가 동사의 의미 변화라고 한다면, 구문의 변화를 논의하기에 앞서 의미 변화 유형에는 어떤 것들이 있는지를 살펴보아야 한다. 어휘의 의미 변화 유형에 따라 동사 구문의 변화 유형이 결정되기 때문이다.

가. 의미 확장과 구문 변화

의미 확장에 대해서는 앞서 이희승(1955)에 기대어 '어떤 한 가지 사물에 대하여 사용하던 말이 그 의미의 범위를 확장하여 널리 사용되는 경우'로 정의하였다. 여기서 '한 가지 사물'을 정의 속에 포함시킨 것은 체언류를 염두한 것으로 파악된다. 그러므로 동사의 의미 확장에 대해 다시 개념을 규정할 필요가 있다. 체언류의 경우 의미 확장의 대상이 되는 것은 위에서 언급한 '한 가지 사물' 즉 특정 대상에 대한 범위가 일반적인 대상으로 확대되었다는 의미이다. 따라서 '한 가지 사물' 대신에 '특정 동사의 행위나 동작'으로 보면, 동사의 의미 확장은 '하나의 동사가 일정한 동작, 행위, 상태의 변화, 그리고 상태 등에 대해 써오던 말이 범위를 확장하여 널리 사용되는 경우'로 재정의할 수 있다. 여기서 의미 확장은 다의의 개념으로 파악되는 것이다.

(38) 새로운 논항이 형성되면서 동사의 자릿수가 변하는 경우(①)

(39) 논항이 형성되었으나 동사의 자릿수에는 변화가 없는 경우

　　ㄱ. 새로운 의미역이 생겨 논항구조가 증가하는 경우(②)

　　ㄴ. 동일한 의미역이 다른 논항으로 실현되어 논항구조가 증가는 경우(③)

①과 ②의 경우는 없던 의미역이 새로 생긴다는 것으로 동사가 새로운 의미를 가지게 되는 것이므로 의미 확장의 범위 안에서 다루는 데 문제가 없을 것이다. 문제는 ③의 경우이다. ③은 공시적으로는 격교체 현상의 일종으로 다루는 것들로 이를 해석하는 방법은 두 가지가 있다. 두 가지 견해에

대한 입장의 차이를 예를 들어 설명해 보면, 지향점의 'NP에' 논항만을 요구하던 동사가 통시적인 변화에 의해 지향점의 'NP로' 혹은 'NP를' 논항을 구문에서 가지게 되는 통시적 변화가 있다고 생각해 보자. 이에 대해 'NP이 NP에(지향점) V'의 구문과 새로 생겨난 'NP이 NP로(지향점) V'의 구문에 의미적 차이가 없다고 보는 입장이 있을 수 있고, 논항구조가 달라졌기 때문에 의미도 다르다고 보는 입장이 있을 수 있다.

　그러나 문제는 '지향점'의 'NP에'와 'NP로'가 통사·의미적으로 동일하지 않다는 몇 가지 증거가 있다. 무엇보다도 둘 사이의 교체가 항상 가능한 것은 아니라는 점을 들 수 있다. 이는 두 명사구가 '지향점'의 의미역을 실현시킨다고 하더라도 통사적인 실현 양상이 다르다는 것을 말해 주는 것이다. 즉, 논항구조가 다르다는 의미는 단순히 의미역의 차이에 그치는 것이 아니라, 결합 조사의 차이까지도 반영한 개념이라 할 수 있다. 다의어의 관점에서 보면, 하나의 동사가 하나의 어휘 개념 구조 안에 실현될 수 있는 배타적 환경을 포함하고 있다는 의미가 된다. 이는 표면형들의 의미 차이를 반영한 형태로 표현되고, 어휘 개념 구조에 반영된 '-에'와 '-로'의 차이가 실제 표면형으로 실현된 것으로 파악해 볼 수 있다. 그러므로 위의 예에서 지향점의 논항이 'NP에'로만 실현되던 동사가 후대에 지향점의 'NP로' 논항을 취할 수 있게 되는 경우 이 책은 이를 동사의 의미 영역이 확대된 것으로 본다. 즉, 동사의 의미 확장으로 인해 실현 가능한 논항구조가 늘어나게 된 것이다. 따라서 이는 구문 변화의 일종으로 분류될 수 있다. 그러므로 이 책에서 규정하는 동사의 의미 확장은 의미론적인 측면에서 동사의 의미가 더 생기는 것을 포함하여 통사적인 실현 양상의 증가를 모두 포괄하는 개념이다.

나. 의미 축출과 구문 변화

의미의 축출은 '본래는 형체나 성질이 유사한 동일한 종류의 사물에 대하여 일반적으로 사용되던 말이 점차 그 의미의 범위를 좁혀서 그 동일한 종류의 것 중 어느 특수한 사물에 한정하여 쓰이게 되는 경우'이다. 여기서 '한 가지 사물' 대신에 '특정 동사의 행위나 동작'을 사용한다는 뜻은 동사의 의미가 자신의 뜻을 잃어버린 채, 의미가 본 뜻에서 없어지게 된다는 뜻으로, 정확한 용어는 '축출'이라고 해야 한다. 축출을 정확하게 정의해 보면, 의미의 축소는 '하나의 동사가 일정한 동작, 행위, 상태의 변화, 그리고 상태 등에 대해 써 오던 말이 일부 제한된 행위나 상태 등에 대해 한정적으로 사용되는 경우'가 된다로 정의내릴 수 있는 반면, '축출(逐出)'은 본 뜻에서 멀어진 한 단어의 의미와 뜻이 자신의 원래 뜻에서 멀어지게 된다는 의미로 해석된다.

동사의 의미가 축소되면 동사 구문에 실현되었던 논항이 소멸한다. 그리고 논항이 소멸하면 동사의 구문구조에 변화가 생기는데, 이 때 변화의 유형은 세 가지 경우가 있다. 논항이 소멸함에 따라 동사의 자릿수가 변하여 기존의 다른 의미에 편입되는 경우(①), 동사의 자릿수에 변화가 없으면서 논항의 의미역이 소멸한 경우(②)이다.

(40) 논항이 소멸하면서 동사의 자릿수가 변하여 다른 논항구조로 편입되는 경우
(①)

(41) 논항이 소멸하나 동사의 자릿수에는 변화가 없는 경우
ㄱ. 소멸한 논항의 의미역이 더 이상 실현되지 않아 실현 가능한 논항구조

줄어든 경우)(②)

①과 ②의 경우는 이미 실현되었던 의미역이 사라져서 하나의 논항구조가 줄어든 것이므로 동사의 의미 영역이 줄어들었다고 할 수 있다. 따라서 이 경우를 의미 축소로 다루기로 한다.

문제는 ③을 어떻게 해석하느냐에 있다. 이를 해석하는 입장은 앞서 의미 확장을 다루면서 살펴본 경우가 동일하게 적용된다. 예를 들어 설명하자면 지향점의 'NP에/로' 논항을 모두 취했던 이동 자동사 구문이 지향점의 'NP에' 논항은 사라지고 지향점의 'NP로' 논항만을 취하게 되었다고 생각해 보자. 이 경우 'NP이 NP에/로 V'의 구문을 형성했던 동사가 'NP이 NP로 V'의 구문으로만 실현된다면 이는 두 가지 논항구조를 취할 수 있던 동사가 한 가지의 논항구조만을 취하게 되는 것이 된다. 이는 곧 동사가 두 가지의 의미를 가지고 있다가 한 가지의 의미만을 가지게 된 것이 되므로 동사의 의미가 축소된 것이다. 그러므로 본 저서는 이 경우 역시 동사의 의미 축소로 인한 동사 구문의 변화로 다루겠다.

다. 의미 전환과 구문 변화

이희승(1955)에 의해 의미의 전환은 '어떤 사물의 명칭을 그것과 성질 혹은 형상이 비슷한 다른 사물에 전용하는 방법'으로 파악된다. 여기서 '한가지 사물' 대신에 '특정 동사의 행위나 동작'을 사용해 동사의 의미 전환을 재정의해 보면, '하나의 동사가 일정한 동작, 행위, 상태의 변화, 그리고 상태 등에 대해 써 오던 말이 전혀 다른 영역의 동작이나 상태에 대해 사용되는 경우'가 된다. 여기서 의미 전환으로 실현되는 것은 동음어의 개념으로 파악되는 것이다.

동음어가 형성되면 동사 구문에는 새로운 논항구조가 형성된다. 동사의 의미가 확장되거나 축소되는 것이 동사의 기본적인 의미를 전제로 한 개념이라면 동음어는 전혀 다른 의미 영역의 동사가 실현되는 것이므로 전혀 다른 논항구조를 형성하게 되는 것이다. 어휘 개념 구조의 관점에서 볼 때 이러한 동음어는 전혀 별개의 구조로 표현되며, 이들 구조간의 관련성이 없다고 할 수 있다. 이는 다의어가 하나의 어휘 개념 구조 안에서 배타적 실현을 갖는 것과는 명백히 구별된다고 할 수 있다. 이러한 변화를 보이는 것은 주로 자동사 구문에서 나타나는데, 주어 논항 'NP이'의 의미역이 달라지면서 변화가 생기는 경우가 해당된다.

2.3.2. 언어 외 외래어 침투로 인한 변화

만주어 '-se'는 한자어 '-子'의 문법적인 의미와 대응으로 보나 한자어 접미사 '-子'의 한어 발음이 만주어로 '스'로 정착한 것으로 보나 만주어 '-se'는 한자어 '-子'에서 기원한 접미사라 할 수 있다.

그런데 실제 목적격조사 '목적'의 기능이 실현된 부분에 대해서는 '목적'의 기능이 보이는 구문이 없을 때도 있다. 이것이 '로'가 분화되어 '목적'의 기능이 분화된 경우라고 판단되며, 이 때의 '로'의 'ㄹ' 발음은 현재 'ㄹ'의 황해도 해주 방언의 발음인 설내 치조 치경 사이의 치경구개 발음에 가까운 소리로 실현되었을 것으로 보인다.(신지영(1997?) 참고, 우리말 소리의 체계) 다만, 목적의 '-로'가 실현된 'ㄹ'의 발음에 경우에 한해서 이 발음이 적용된 것으로 보인다.

'ㄹ'의 발음은 원래 치조 내 혀의 설근 아래쪽의 움직임으로 이루어지는 것이 현재 표준어의 발음이다. 그런데 , 중기 국어 훈민정음 창제 당시 'ㄹ'은 치경구개 마찰음으로 이해되는 것이 옳다. 이유는 해례의 기록과 당시의 사료를 참고로 하여 추정해 보면 'ㄹ'은 반설음이라는 명칭 하에서 이해되는데, 반설음의 해례본의 해석을 보면, ' 반혓소리. 즉 소리의 반은 설음 곧 혓소리'로 풀이되고 있다.

또, 훈민정음 언해 협주에서 '閭ㆆ字 쳐펴아나 소리니라'로 해석되는바 이 중 모음 앞에서 실현되는 'ㄹ' 소리로, 당시의 설음의 위치와 반설음의 위치를 고려하면 오늘날 음성학에서 논의하는 개념으로 치경구개마찰음에 가깝다. 현재 황해도 해주 방언의 'ㅅ'이 발음되는 위치와 거의 흡사하다 하겠다. 이에 대한 논의로 김양진()등의 최근 논문이 있는데, 이러한 연구 결과를 통해 보면 당시의 'ㄹ'은 치경구개 위치보다 약간 앞쪽에서 발음되는 혓날소리로 풀이해 보면 될 것이다.

따라서, 한국어 동사 구문의 연원 및 발달과정에 대한 짧은 결론을 지으면 아래와 같다.

첫째, 우리말은 동사 구문에서 문장이 비롯되고, 그러한 문장은 글 문의 시작이 된다.

둘째, 우리말의 시작은 입말에서 시작되었을지 모르나, 문증되는 자료를 통해볼 때 문어체의 한문 번역 투의 문장 글에서 시작하였으며, 이 것이 발전하여 문어체의 변려문이 발달하였고, 이것이 우리말 현재 의 구어문을 형성하게 된 것이다. 이에 대한 논증은 저서 3,4,5,장을 통해 논증하고자 한다.

셋째, 한국어의 시작은 입말이 아니라 글월 구문에서 비롯된 것인데, 그 시기가 문제가 될 수도 있으나 더 중요한 것은 당시의 문장 유형이 몇 개 정도의 틀로 나뉠 수 있느냐에 대해 남아 있는 사료가 이를 보여준다.

넷째, 우리말 동사 구문의 시작이 구어가 아니라 글 문장에서부터 시작된 것은 홍종선(2017)에서도 논의되었지만, 그보다는 우리말의 동사 가 몇 개인지를 알 수 있는 조선 초 삼강행실도 제작 시절이 아닐까 한다. 본 저서의 연구에 의해, 글월의 '월'이 문장이 아니라 '구'라는 것도 알 수 있었고, 또, '구'보다는 '절', '절' 속에서 구가 아니라, 문장의 시작이나 문장의 끝이 입말이 아니라 글에서부터 연원이 시 작되었음을 말해 주는 것으로, 이러한 논의는 우리말 동사 구문의 시작과 끝을 말해주는 중요한 변수가 될 수 있음도 알게 된다.

'월'의 의민 ᆯ '구'보다는 크다. 그런데 문법 이론에 따르지 않더라도 실제 입말과 글말 사용을 살펴보면 '구' 중심으로 문단이나 한 문장, 한 편의 글을 이해하는 것이 더 이해하는 데 도움이 되지, '월'의 개념으로 문장을 이해하 는 것은 여러 측면에서 어려움이 따른다. 왜냐하면 '월'은 '구'보다 큰 개념인 데, '구'를 이 장에서 언급하는 것은 우리말 문장을 이해하는 데에는 김민수

(1991)에서 거론한 바와 같이 '월'의 개념으로는 우리말의 문장을 이해하기 힘들기 때문이다. 오히려 '절'의 개념에 가까운 '구'가 우리말 동사 구문을 이해하는 데 더 적절한 문법 개념으로 파악하기 때문이다. 이런 측면에서 보면, 동사 구문구조라는 말은 적합하지 않으며, 동사 구문이라는 말이 더 적절하다.

구문에 대한 이해를 위해 우리말의 연원과 구문에 대한 연구를 적절하게 논의하는 것은 두 가지 사실이 밀접하게 관련되어 있기 때문이다. 다음과 같은 이유에서이다. 그것은 향가 해독 시 자구 해독을 문장 차원으로 하지 않고 구절 풀이를 중심으로 하는 것을 보아도 알 수 있고, 현대 국어에서 문단의 개념보다는 문장 차원에서 실현되는 구절 중심으로 해석하는 것을 보아도 알 수 있다.

제3장
'-로' 동사 구문의 변천사

제3장 '-로' 동사 구문의 변천사

3.1. 자동사 구문의 '-로' 동사 구문의 변천사

우리말의 자동사 구문은 격조사가 변함에 따라 동사의 논항구조에 변화가 생기는 경우가 있다. 조사가 변하는 경우 두 가지 유형이 있다. 첫째, 조사가 문장 내에서 가진 기능이 사라지면서 그것이 통합하여 논항으로 실현된 명사구의 실현도 구문에서 실현되지 않게 되는 것이다. 이에 속하는 것으로는 '비교'의 기능을 가진 조사 '-이/에/로' 등과 '대상'의 기능을 가진 '-에/로'이다. 둘째, 중기 국어에서는 실현되지 않았던 조사가 근대국어에서 생겨나면서 이것이 통합한 명사구가 동사 구문의 논항으로 실현되는 경우이다. 이에 속하는 것이 인용 조사 '-고'이다.

이 가운데 대상의 기능을 가진 조사 '-로'의 기능 변화는 자동사 구문에 상당한 변화 양상을 가져온다.

3.1.1. 대상의 조사 '-로'의 기능 변화와 구문 변화

중기 국어의 자동사 구문의 유형을 살펴보면서 일부의 'NP로'가 '대상'의 'NP를'이 실현되어야 할 자리에 실현되어, 'NP이 NP로 NP에 V'의 자동

구문을 형성한다는 것을 살펴보았다. 이러한 '대상'의 'NP로' 논항은 중기
국어 이전의 차자 표기 자료를 통해서도 용법을 확인할 수 있다. 차자표기에
서 대상의 '-로'로 파악되는 예들을 살펴보면 다음과 같다. 예 (16)은 향가의
예로, '-로'는 음독자 '留'로 표기되었다. 예 (17)은 이두의 예이다. 이두에서
'-로'는 대부분 '以'로 표기되었다. 예 (18)은 구결의 예이다. 고려시대 석독
구결에서 '-로'는 구결자 '灬'로 나타나며 여말선초의 음독 구결에서는 '灬/
灬' 외에 'ㅅ'로도 나타난다.

(16) 惡寸習落臥乎隱三業 淨戒叱主留卜以支.乃遣只 <懺悔業障歌 5-6>

(17) ㄱ. 田丁乙良 各田畓幷五十結 奴婢幷十口式以 賜給爲良於爲 敎是齊

<尙書都官貼 57-58>

ㄴ. 田壹佰伍拾結奴婢拾伍口式以賜給爲齊 <李和開國功臣錄券 136-8>

ㄷ. 孫子春子段遺棄小兒以長養爲沙餘良 <許與文記 2>

예 (16)의 의미 해석을 위해 「譯歌」와 「華嚴原文」을 살펴보면, '今願懺除持
淨戒', '恒住淨戒一切功德', '我惡以淸淨三業'이라고 하고 있다. 惡習에 떨어진
三業을 淨戒를 지니고 懺悔한다는 내용이다. 우리는 여기서 「譯歌」의 '持淨戒'
의 구절을 통해 문제의 실마리를 찾아보고자 한다. 이 때의 '持'를 윗구절에
서 실현된 '卜以'의 뜻풀이에 대응시킬 수 있다면, '卜以支.乃遣只'를 '디니-'
가 실현된 동사구로 볼 수 있다. 또한 동사 '디니-'를 동사로 보게 되면 선행
어인 '淨戒'는 '디니-'의 대상 명사구가 될 가능성이 크다. 앞 구절에 실현된
'三業'이 대상 명사구로 실현될 수도 있으나, 이렇게 되면 '三業을 淨戒로 디

닌다'는 어색한 의미가 되므로, '디니다'의 대상 명사구는 '淨戒吡主'가 되는 것이다. 이렇게 되면, '淨戒吡主留'에서 실현된 '留'는 '대상'의 기능을 가지는 것으로 보아야 한다.

예문 (17ㄱ)은 수혜 동사 구문에서의 '-로(以)'의 실현이다. 여기서 '十口式以'는 '賜給爲良於爲'의 '대상' 논항이 된다. 그러므로 '十口式'에 통합된 '以'는 '대상'의 기능을 가진 것으로 볼 수 있다. 예문 (17ㄴ) 역시 수혜 동사의 대상 명사구가 '-로(以)'가 결합한 명사구로 실현된 것이다. 예문 (17ㄷ)은 '孫子인 春子의 경우에는 遺棄한 小兒를 長養한 데다가'의 의미로 타동사 '長養ᄒ다'에 선행하는 '小兒以'는 '長養爲'의 대상역으로 실현된 것이다.

'목적'의 '-로'는 중기 국어로 이어지게 되며 일부 동사 구문에서는 근대국어까지 용법을 나타내다가 현대국어에 들어서면서 많이 약해진 것으로 파악된다. 현대국어의 '-로'의 통사·의미 기능을 파악한 논의들을 살펴보면, 현대국어의 '-로' 논항의 실현에 중기국어나 근대국어에서 나타나는 것과 같은 대상의 '-로' 실현은 찾을 수 없기 때문이다.

가. '대상'의 'NP로' 논항이 형성되는 경우

'대상'의 'NP로' 논항이 형성되는 자동사는 '가다1'과 '얽미에다'를 들 수 있다. '가다1'은 '한 곳에서 다른 곳으로 움직이다'라는 기본적인 의미에서 '동력원으로 하여 작동하다'라는 다의어가 생기면서 '동력원'이 되는 명사가 '도구'의 'NP로' 논항으로 실현된다. '얽미에다'는 근대국어까지만 하더라도 '정신적, 추상적 작용에 의해 구속받는다.'는 의미로 쓰이다가 '물리적인 구속이나 억압에 의해 마음대로 행동할 수 없는 경우'의 의미를 갖게 되면서 '도구'의 'NP로' 논항이 형성된다. '물리적인 구속이나 억압'이 '도구'의 목적의 대상 논항 'NP로'로 실현된 것이다.

(28) 解脫相은 諸法에 얽민ᄢᅵ디 아니홀 씨오 <月釋 13:53b>

나. '자격'의 'NP로' 논항이 형성되는 경우

'자격'의 'NP로' 논항이 형성되는 자동사는 '도라오다2, 들다1, 자피다' 등으로 모두 근대국어에 들어가서야 '자격'의 'NP로' 논항을 구문에서 취할 수 있게 된다. '도라오다'와 '들다1'은 15세기 국어에서 이동 자동사로 분류되는 것으로 '도라오다'와 '들다1'은 구문에서 '자격'이 아닌 다른 의미역의 'NP로'를 논항으로 취하고 있었으나 '자피다'는 'NP로' 논항을 가지지 못했다.

(90) ㄱ. 밤中에 즈릆길흐로 <u>도라오니</u> 녯 ᄆᆞᅀᆞᆯ히 오직 뷘 村이 ᄃᆞ외얫도다

　　　　　　　　　　　　　　　　　　　　　　　　　<杜詩 5:33a>

　　ㄴ. 阿難이 즉재 쇳 굼그로 <u>드러</u> 大迦葉ᄭᅴ 懺悔ᄒᆞ고

　　　　　　(阿難卽從鑰孔中入 懺悔大迦葉) <月釋 25:9a>

　　ㄷ. 그 도ᄌᆞ기 後에 닛위여 도족ᄒᆞ다가 王ᄭᅴ <u>자피니</u> <月釋 10:25b>

3.1.2. 조사의 변화와 구문 변화

우리말의 자동사 문장의 일부는 격조사의 기능이 변함에 따라 동사의 논항구조에 변화가 생기는 경우가 있다. 격조사의 기능이 변하는 경우는 두 가지 유형이 있다. 첫째, 격조사가 문장 내에서 가진 기능이 사라지면서 그 것이 통합하여 논항으로 실현된 명사구의 실현도 구문에서 실현되지 않게 되는 것이다. 이에 속하는 것으로는 '비교'의 기능을 가진 조사 '-이/에/로' 등과 '대상'의 기능을 가진 '-에/로'이다. 둘째, 중기 국어에서는 실현되지 않았던 조사가 근대국어에서 생겨나면서 이것이 통합한 명사구가 동사 구문의 논항으로 실현되는 경우이다. 이에 속하는 것이 인용 조사 '-고'이다.

3.1.2.1. 대상의 조사 '-로'의 기능 변화와 구문 변화

중기 국어의 자동사 구문의 유형을 살펴보면서 일부의 'NP로'가 '대상'의 'NP를'이 실현되어야 할 자리에 실현되어, 'NP이 NP로 NP에 V'의 자동 구문을 형성한다는 것을 살펴보았다. 이러한 '대상'의 'NP로' 논항은 중기 국어 이전의 차자 표기 자료를 통해서도 용법을 확인할 수 있다.

3.1.2.1.1 'NP를' 논항의 형성

다음으로 살펴볼 것은 동사가 다의어를 형성하게 됨으로써 'NP를' 논항을 가지게 되는 경우이다. 'NP를' 논항이 형성되는 것은 자동사로 실현되던 어휘가 타동성을 획득하게 되는 것을 의미한다. 새로 생겨나는 'NP를'은 의미역의 유형에 따라 구분된다. '대상'의 'NP를'이 형성되는 경우를 비롯하여, '장소'의 'NP를', '기점'의 'NP를', '지향점'의 'NP를', '경로'의 'NP를' 등이 실현되는 경우이다. 각각에 경우 구체적인 변천 과정을 살펴보기로 하겠다.

가. '대상'의 'NP를' 논항이 형성되는 경우

'대상'의 'NP를' 논항이 형성되는 경우로 여섯 가지 유형이 있다. 첫째, 중기 국어에서 '대상' 논항이 'NP에'로 실현되다가 후대에 '대상'의 'NP를' 논항도 취할 수 있게 되는 경우이다. '거리끼다'가 이에 속한다. 둘째, 15세기 국어에서 'NP이 NP로 V' 구문을 형성하다가 후대에 '상대'의 'NP를' 논항을 가지게 되는 경우이다. '받다' 등이 이에 속한다. 두 번째 유형은 '목적'의 'NP를' 논항을 취하게 됨으로써 이들 동사들이 능격 동사의 용법을 가지게 된다는 점에서 더욱 주목할 만한 구문 변화이다. 넷째, 15세기 국어에서 'NP이(경험주) V'의 구문을 형성하다가 후대에 대상의 'NP를' 논항을 취하게 되는 경우이다. '두려ᄒ다'가 이에 속한다. 다섯째, 15세기 국어에서 'NP이(행 위주·) V'의 구문을 형성하다가 후대에 대상의 'NP를' 논항을 취하게 되는 경우이다. '앒셔다'가 이에 속한다. 마지막으로 여섯째, 15세기 국어에서 'NP이 NP에 V'의 구문을 형성하다가 후대에 대상의 'NP를' 논항을 취하게 되는 경우이다. 'ᄂ리다, 살다, 셔다' 등이 이에 속한다.

첫 번째 유형인 '뷔틀다(>비틀다, 扭)'와 '쑴기다(>풍기다, 噴)'는 15세기 국어에서 'NP이 V'의 자동사 구문을 형성하였다.

(29) ㄱ. 손바리 곱고 뷔틀며 (手脚이 繚戾ᄒ며) <法華 7:184b>

　　 ㄴ. 프른 믌겨리 쑴겨 尺度ㅣ ᄌ라도다 (蒼波噴浸尺度足) <杜詩 16:56b>

이들은 근대국어에서 'NP이 NP를 V'의 타동 구문을 형성하게 된다.

(30) ㄱ. ᄯ 글오ᄃᆡ 힝역 됴흔 후에 비시예 몸을 뷔틀고 눈을 되혀ᅀᅳᆸ고

　　　　　　　　　　　　　　　　　　<痘瘡下 48a>

　　 ㄴ. 못에 ᄀ득흔 년곳치 향내 쑴기더라 <朴諺中 33a>

'쑴기다'의 예문에서 '향내'를 문맥상 '쑴기다'의 목적어로 볼 수 있다면, '쑴기다'가 타동사로서의 용법을 갖게 된 것을 말해 주는 용례로 해석할 수 있다. '뷔틀다'의 자동사 구문은 중기국어까지 실현되다가 근대국어부터 더 이상 자동 구문으로 실현되지 못한다. '쑴기다'의 자동사 구문은 근대국어를 거쳐 현대국어까지 실현된다.

두 번째 유형인 '번다(>번다/뻗다, 引)'는 중기 국어에서 'NP이 NP로 V'의 논항구조를 가지고 실현되었다.

(31) 과굘이 가슴 알ᄑ거든 동녁으로 버든 복셩홧 가지 흔 줌을 사ᄒᆞ라

<杜簡 2:28b>

'번다'가 타동사적 용법을 보이는 것은 16세기 문헌에서이다. 예 (32)가 이에 해당된다.

(32) ㄱ. 둔뇨믈 거만히 말며…안조믈 발 <u>버더</u> 키ㄱ티 말며 자믈 굿브러 말며

<飜小 4:10b-11a>

ㄴ. 내 주거도 ᄆ자 여히니 누늘 굼고 바늘 <u>버더</u> 가로다 <順天 30:6>

예문 (32ㄱ)은 '다니는 것을 거만히 말며 서는 것을 한 발이 저는 듯이 말며 앉는 것을 발 벋어 키같이 말며 자는 것을 구브리지 말며'의 의미이다. (32ㄱ)에서 '벋다'의 선행 명사로 '발'이 실현되었다. 여기서 '벋다'는 '오므렸던 것을 펴다'의 의미를 가진다. '발'에 목적격 조사가 실현되지 않았기 때문에 '벋다'를 타동사로 단정하는 데 문제가 있지만 문맥의 의미를 고려하면 '벋다'의 대상 명사구로 실현되었다는 것은 알 수 있다.

'ᄂᆞ리다(>내리다, 降)'는 15세기 국어에서 'NP이 NP에 V', 'NP이 NP로 V'의 논항구조를 취하였다.

(33) ㄱ. 王이 朝會 마자 늣거ᅀᅡ 罷ᄒᆞ야시ᄂᆞᆯ 姬ㅣ 殿에 <u>ᄂᆞ려</u> 마자 술오샤ᄃᆡ 엇디 늣거ᅀᅡ 罷ᄒᆞ시니잇고 <內訓 2:19b>

ㄴ. 王이 ᄯᅡ해 <u>ᄂᆞ려</u> 업데여 절ᄒᆞ고 供養ᄒᆞᅀᆞᆸ고 <釋詳 24:35b>

ㄷ. 곧 巴峽을 조차셔 巫峽을 들워 믄득 襄陽ᄋᆞ로 <u>ᄂᆞ려</u> 洛陽을 向호리라

<杜詩 3:24b>

(33ㄱ)-(33ㄷ)에서 실현된 'NP이'는 'ᄂᆞ리다'의 행 위주·가 된다. (33ㄱ)는 '기점'의 'NP에'가, (33ㄴ)은 '지향점'의 'NP에'가, (33ㄷ)은 '지향점'의 'NP로' 논항이 각각 실현되었다.

'느리다' 구문은 근대국어에서 중기국어에서는 실현되지 않았던 'NP를' 논항이 실현됨으로써 타동성을 갖게 된다.

(34) 텬쥬ㅣ 진노ᄒᆞ샤 벌을 <u>느리샤</u> 뎍병으로 ᄒᆞ여곰 셩을 둘너치매 <셩경 117b>

위의 예 (34)에서 'NP를'로 실현된 '벌을'은 '느리다'의 '대상' 논항이다. 이러한 변화로 인해 '느리다'는 능격 동사로서의 통사적 속성을 갖게 된다. 세 번째 유형인 '두려ᄒᆞ다(懼)'는 15세기 국어에서 'NP이 V', 'NP이 S V'의 구문을 형성하였다.

(35) ㄱ. 그제 目連이 龍王이 <u>두려ᄒᆞᄂᆞ</u> 둘 보고 (是時目連以見龍王心懷恐懼)
<月釋 25:108a>
ㄴ. 지븻 사ᄅᆞ미 두라가 아나 놀라울가 <u>두려ᄒᆞ거늘</u> <內訓 3:30a-30b>

이러한 '두려ᄒᆞ다' 구문은 16세기 국어 문헌부터 'NP를' 논항이 문면에 나타나는 용례가 보이기 시작한다.

(36) 季氏ㅣ 쟝ᄎᆞ 顓臾에 事를 <u>두려ᄒᆞ노쇠이다</u> <論語 4:16a-16b>

네 번째 유형인 '앎셔다(>앞서다)'는 15세기 국어에서 'NP이 V'의 논항 구조를 가지고 실현되었다.

(37) 墓애 가싫 제 부톄 <u>앒셔시니</u> <月釋 10:3b>

이러한 '앒셔다' 구문은 근대국어를 거쳐 현대국어까지 이어진다. 근대국어 후기 문헌에서 '앒셔다'는 'NP이 NP를 V'의 구문을 형성한다.

(38) 나를 <u>압셔</u> 온 쟈는 다 도적이며 강도니 <요 10:8>

나. '장소'의 'NP를' 논항이 형성되는 경우

장소의 'NP를' 논항이 형성되는 경우는 두 가지 유형이 있다. 첫 번째 '장소' 논항이 중기 국어에서 'NP에'로 실현되다가 후대에 'NP를' 논항을 가지게 되는 경우로, 'NP를' 논항이 형성되었으나 동사의 자릿수에는 변화가 없는 경우이다. 이런 변화를 겪는 자동사로 '걷니다(>거닐다), ᄂᆞ라돈니다(>날아다니다, 飛), 등이 있다. 두 번째는 후대에 '장소' 논항이 형성되는 경우로 중기 국어에서 'NP이 V'의 구문을 구성하던 자동사들이다. 이들은 '장소'의 'NP를' 논항이 생기면서 논항구조가 확장된다. 이에 속하는 것으로 '들락나락 ᄒᆞ다(>들락날락하다, 隱現), 오락가락ᄒᆞ다(>오락가락하다, 來往), 긔다(>기다, 蚑)' 등이 있다. 첫 번째와 두 번째 유형 모두 장소의 'NP를' 논항이 형성되는 것은 대체로 현대국어에 들어와서야 가능해진 것으로 보인다.

다. '기점'의 'NP를' 논항이 형성되는 경우

기점의 'NP를' 논항이 형성되는 경우는 크게 두 가지 유형이 있다. 중기 국어에서 기점 논항이 'NP에' 혹은 'NP로'로 실현되던 것이 후대에 'NP를' 기점 논항을 가지게 되는 경우가 첫 번째이고, 중기 국어에서 기점 논항을 가지지 못하다가 후대에 기점 논항이 형성되는 경우가 두 번째이다. 첫 번째에 속하는 자동사로 '나오다(>나오다), ᄂᆞ려오다(>내려오다, 下), 믈러나다(>물러나다, 退), 떠나다(>떠나다, 離)' 등이 있다. 두 번째 유형에 속하는 자동사로 'ᄃᆞ라나다(>달아나다, 奔)'가 있다. 각각의 유형에 대해 '기점'의 'NP를' 논항이 형성되는 모습을 구체적으로 살펴보기로 하겠다.

(39ㄱ)의 '나오다(>나오다)', (39ㄴ)의 'ᄂᆞ려오다(>내려오다, 下)', (39ㄷ) 의 '믈러나다(>물러나다, 退)', (39ㄹ)의 '떠나다(>떠나다, 離)'는 중기 국어에서 'NP이 NP에 V', 'NP이 NP로 V'의 논항구조를 가지고 실현되었다.

(39) ㄱ. 王이 그 地獄門애 <u>나오려커늘</u> 모딘 노미 닐오디 王이 몯 나시리이다

<釋詳 24:18a>

ㄴ. 프른 대롱과 銀甒이 하ᄂᆞ로셔 <u>ᄂᆞ려오ᄂᆞ다</u> (翠管銀甒下九霄)

<杜詩 11:37a>

ㄷ. ᄒᆞ다가 즐겨 信티 아니홀 사ᄅᆞᆷ은 뎌 돗긔 <u>믈러나몰</u> 므던히 너굘디니 (若不肯信者ᄂᆞᆫ 從他退席이니) <六祖中 68b:5-6>

ㄹ. 百千 媒女ㅣ 샹녜 조차 노로디 그 겨틔 <u>떠나디</u> 아니ᄒᆞ리라 <觀音經 4b>

위의 예 (39ㄱ)은 '왕이 그 지옥문에서 나오고자 하거늘 모진 놈이 이르되 왕은 몯 나갈 것입니다'의 의미이다. 주어로 실현된 '王이'의 의미역은 '행위주·'이고, '地獄門애'의 의미역은 '기점'이다. 예문 (39ㄴ)은 '푸른 대롱과 은항아리가 하늘로부터 내려온다'는 의미로 '하늘로셔'가 '기점' 논항으로 실현되었다. 예 (39ㄷ)은 '만약 즐겨 믿지 않을 사람은 저 자리로부터 물러남을 무던히 여길 것이니'의 의미로 '돗긔'가 '기점'의 논항으로 실현되었다. 예문 (39ㄹ)은 '수많은 채녀가 항상 좇아(서) 노니 그 곁에서 떠나지 아니할 것이다'의 의미로 '겨틔'가 '기점'의 논항으로 실현되었다.

(40) ㄱ. 적쟝이 군을 <u>나와</u> 셩을 파ᄒ고 환이를 잡아 죽이다 (進軍城陷執彝殺之)
<五倫忠 27b>

ㄴ. 이 老炎의 三十里 程道를 <u>ᄂ려오시다</u> <隣語 1:5a>

ㄷ. 또 간셰비가 권병일 회롱ᄒ여 현쳘혼 이들이 ᄌ죠를 <u>믈너나</u>
<독립 1898.3.17.>

ㄹ. ᄌ식기 난 셰 ᄒᆡ 후에ᅀᅡ 어버ᅀᅵ 품믈 <u>ᄠᅥ나ᄂᆞ니</u> <正俗 1b>

예 (40ㄱ)은 '나오다'가 실현된 예로 '나오다'의 기점 논항이 'NP를'로 실현되었다.

라. '지향점'의 'NP를' 논항이 형성되는 경우

지향점의 'NP를' 논항이 형성되는 자동사는 크게 두 가지 유형이 있다.

첫째, 중기 국어에서 지향점 논항이 'NP에' 혹은 'NP로'로 실현되었던 것들이다. 이 중 'ᄂ라오다(>날아오다, 飛), 드러가다(>들어가다, 入), 드러오다(>들어오다, 來), ᄃ라가다(>달려가다, 趍), 오다(>오다, 來), 올아가다2(>올라가다, 上)' 등은 중기 국어에서 지향점의 논항이 'NP에'와 'NP로' 둘 다 가능했던 부류의 자동사들이며, '내ᄃ다(>내닫다, 走), ᄂ라오ᄅ다(>날아오르다, 飛)' 등은 'NP에'의 지향점 논항만이 실현되었던 자동사들이다. 둘째, 후대에 지향점 논항이 형성되는 경우이다. 이에 속하는 자동사로 'ᄃ라오다(>달려오다)' 등이 있다. 이들 구문은 근대국어에 들어와 '지향점'의 'NP를' 논항을 취하게 된다.

마. '결과'의 'NP를' 논항이 형성되는 경우

이에 속하는 자동사는 '뜯ᄒ다(>뜻하다, 義)' 등이 있다. 중기기 국어의 '뜯ᄒ다'는 'NP이 NP로 V'의 구문을 형성하였다.

(41) 根은 能히 내요ᄆ로 <u>뜯ᄒ니</u> 이 여스시 다 識 내논 功이 이실ᄉᆡ

<月釋 2:22a>

'NP이 NP를 V'의 구문은 근대 문헌에서 활발한 실현 양상을 보인다. 이로 인해 중기 국어에서 생산적으로 실현되었던 'NP이 NP로 V'의 구문은 더 이상 근대국어에서는 실현되지 않게 된다.

81

3.2.1. 의미 축출과 구문 변화

자동사 구문에서 논항이 소멸하는 경우로는 두 가지 유형이 있다. 첫 번째는 논항이 소멸하면서 논항구조가 축소되어 자동사의 자릿수가 줄어드는 경우로 예를 들면 'NP이 NP에 V'의 논항구조를 가졌던 자동사가 'NP이 V'의 논항구조를 가지게 되는 것이다. 두 번째는 논항이 소멸하기는 했으나 자동사의 자릿수에는 변화가 없는 경우로 예를 들어 'NP에'에 '기점'과 '지향점'의 의미역을 모두 가지고 있던 'NP이 NP에 V'의 자동사가 기점의 'NP에' 논항이 없어지면서 지향점의 'NP에' 논항만 취하게 되는 경우이다.

논항이 소멸할 경우 대부분의 자동사 구문은 한 가지 유형의 논항이 소멸하지만 경우에 따라서는 두 가지 이상의 논항이 소멸하기도 한다. 이 때 같은 의미역의 서로 다른 논항들이 없어지기도 하고 서로 다른 의미역을 가진 여러 개의 논항들이 사라지기도 한다. 본문에서는 두 가지 이상의 논항이나 의미역이 소멸하는 경우를 따로 다루지 않고 해당되는 논항이 소멸하는 부분에 포함시켜 논의할 것이다.

자동사 구문에서 논항 소멸로 인해 생기는 가장 큰 특징적인 변화는 이동 자동사 구문의 변화이다. 자동사 구문에서 소멸하는 논항의 종류로는 'NP이, NP에, NP로, NP와'가 있는데 이 중 'NP와' 논항이 소멸하는 경우는 소수이며, 'NP이', 'NP에'와 'NP로' 논항이 소멸하는 경우가 대부분이다. 'NP이', 'NP에'와 'NP로' 논항이 구문에서 사라질 경우 이들의 의미역을 살펴보면 'NP이'는 '행 위주·'로 실현되었을 경우이며, 'NP에'와 'NP로'는 '방향, 기점, 지향점, 경로'로 실현되는 경우로, 이들은 모두 이동 자동사 구문을 구성하는 논항들임을 알 수 있다. 결국 이들이 구문에서 사라지게 되는 것은 이들이 형성했던 이동 자동사 구문의 실현이 불가능해짐을 말하는 것이 된다.

이제 논항의 종류별로 자동 구문에서 논항이 소멸하는 모습 및 논항의 소멸 시기 등을 실례를 들어 살펴보기로 하겠다.

3.2.2.1. 'NP이' 논항의 소멸

자동 구문에서 'NP이' 논항이 소멸되는 것은 '행 위주·'로 실현되던 주어 논항의 실현이 불가능해진 경우이다. 이러한 구문 변화는 하나의 논항이 구문에서 사라진다는 사실 이상의 의미를 가진다. 이러한 변화로 인해 동사 구문의 유형이 바뀌기 때문이다. 즉 이들이 구문에서 '행 위주·' 논항을 취했을 시기에는 행위성 자동사로 분류되었으나, '행 위주·'의 주어 논항의 실현이 불가능해짐으로써 비행위성 자동사로 분류되는 것이다. 이에 속하는 자동사로는 '나다', '옮다', '솟다' 등이 있다.14) 이들이 '행 위주·' 주어를 가졌던 용법은 이들 동사를 어기로 한 합성어의 형태로 실현되는데, '나다'의 용법은 '나오다, 나가다'를 통해 현대국어까지 이어지게 되며, '옮다'의 용법은 '옮아가다', '옮아오다'로 이어지게 된다. 실례를 통해 '행 위주·' 논항이 소멸되는 양상을 살펴보기로 하겠다.

예문 (42)는 '나다', (43)은 '솟다2(>솟다, 湧)', (44)는 '옮다(>옮다, 轉)'

---

14) 실제로 현대국어의 '나다'나 '솟다'는 행위성 자동사로 분류되지 않는다. 한송화(2000)에서는 현대국어의 '나다'와 '솟다'를 비행위성 자동사의 하위 부류인 '생성대상자동사'로 분류했다.

가 15세기 국어에서 실현된 예로 이들은 'NP이 NP에 V' 혹은 'NP이 NP 로 V'의 논항구조를 취하였다.

(42) ㄱ. 劉氏의 싀어미 길헤 <u>나아</u> 病ᄒ야늘 블힛 피 내야 藥애 섯거 머기니

<三綱孝 31>

ㄴ. 東門ᅌᆞ로 <u>나샤</u> 北門ᅌᆞ로 드르샤 <釋詳 23:25a>

(43) 그 쁴 比丘들히 虛空애 올아 東녀긔 <u>소ᄉ면</u> 西ㅅ녀긔 숨고

<釋詳 11:37b-38a>

(44) ㄱ. 如來…수프레 <u>올마</u> 가샤 結加趺坐 ᄒ얫더시니 <月釋 4:53a>

ㄴ. 文殊普賢이 왼녀그로 돌며 올흔 녀그로 <u>옮거늘</u> <金三 3:24a>

예문 (42ㄱ)은 '유씨의 시어머니가 길에 나와 병이 나니…'의 의미이다. 주어 'NP이'는 '싀어미'로 동사 '나다'의 행 위주·가 되며 지향점의 '길헤' 논항이 실현되었다. (42ㄴ)은 주어가 문면에 나타나지는 않았으나 동사 '나다'에 결합한 선어말어미 '-시-'의 실현을 통해 주어가 '행 위주·'임을 예측해 볼 수 있다. (42ㄴ)은 '동문으로부터 나오시어 북문으로 들어가시고'의 의미로 여기서 '東門ᅌᆞ로'는 기점 논항으로 실현되었다. 예 (43)은 '그 때 비구들이 허공으로 올라 동쪽에서 솟아오르면 서쪽으로 숨고'의 의미이다. 주어로 실현된 '比丘들히'는 '솟다'의 행 위주·가 되며 'NP에'로 실현된 '東녀긔'는 행 위주·의 기점 논항이 된다. 예문 (44ㄱ)은 '여래께서 숲에 옮겨 가시어 결가부좌를 하고 계셨는데'의 의미이며 (44ㄴ)은 '문수보살이 왼쪽으로 돌며 오른쪽으로 옮겨가거늘'의 의미이다. 예문 (44ㄱ)의 '如來', (44ㄴ)의 '文殊普賢'이 각

각 '옮다'의 행 위주·로 실현되었으며 (44ㄱ)의 '수프레'와 (44ㄴ)의 '올흔 녀 그로'가 '옮다'의 '지향점'으로 실현되었다. 이상 예문 (42)~(44)에서 실현된 '나다, 솟다, 옮다' 구문은 행 위주·를 주어 논항으로 가지고 '행 위주·'의 '기점' 혹은 '지향점'을 나타내는 논항을 취하고 있으므로 이동 자동사 구문으로 파악된다. 이들 중 '솟다'는 15세기 문헌에서만 '행 위주·' 주어 구문이 실현된 용례가 보인다. '나다'와 '옮다'의 경우 근대국어에서도 이동 자동사로서의 용례가 나타나다가 후기 문헌에서 사라지게 된다.

아래의 예는 '나다'와 '옮다'가 근대국어에서 '행 위주·'의 주어 논항을 취한 용례들이다.

(45) 니시ᄂᆞᆫ 지아비 죽거늘…방 받긔 나디 아니ᄒᆞ고 <東新烈 4:3b>

(46) 만일 나ㅣ…ᄯᅩᄒᆞᆫ 큰 길 ᄀᆞ헤 올마 그 젼 모양으로 ᄒᆞ니 포교들이 다 알고
<경향 1:231>

예 (45)는 '이씨는 지아비가 죽거늘…방 밖으로 나오지 않고'의 의미이다. 여기서 행 위주· 주어는 '니시ᄂᆞᆫ'이 되며, '방 받긔'가 지향점 논항으로 실현되었다. 예 (46)의 의미는 '만일 내가…또한 큰 길 가로 옮겨가…'의 뜻이다. '나ㅣ'가 '행 위주·'로 실현되었다. 그리고 '큰 길 ᄀᆞ헤'가 지향점 논항으로 실현되었다. 그러므로 (45)의 '나다'와 (46)의 '옮다' 모두 이동 자동사 구문을 구성하고 있음을 살펴볼 수 있다. 그러나 '나다'의 이동 자동사 구문은 근대국어까지 나타나다가 현대국어에서는 더 이상 실현되지 않게 되며 '옮다'의 이동 자동사 구문은 문헌상 근대 초기 문헌까지 용례가 확인되나 현대

국어에서는 더 이상 실현되지 않는다.

3.2.2.2. 'NP에' 논항의 소멸

소멸된 'NP에'로는 '경로', '지향점', '기점', '장소', '방향', '원인' 등이 있다. '경로, 지향점, 기점'의 'NP에' 논항은 모두 이동 자동사 구문에서 실현되는 논항들로 이들이 구문에서 소멸된 것은 이동 자동사 구문을 형성하였던 동사의 통사적 속성이 변했음을 의미하는 것이다. 각각의 경우 변화 양상이 조금씩 다른데 구체적인 변화 양상에 대해서 살펴보기로 하겠다.

가. '경로'의 'NP에' 논항이 소멸하는 경우

'경로'의 'NP에' 논항이 소멸하는 자동사로는 '디나가다(>지나가다, 過)' 가 있다. 이는 15세기 국어에서 'NP이 V', 'NP이 NP에 V', 'NP이 NP로 V'의 논항구조를 취하였다.

(47) ㄱ. 翰林學士ㅣ <u>디나가다가</u> 듣고 우더라 <三綱孝 28>

　　ㄴ. 흔 童子ㅣ 방하애 <u>디나가며</u> (有一童子ㅣ 於碓坊過ᄒ며)

<六祖上 22a:1-2>

　　ㄷ. 使者ㅣ 三湘으로 <u>디나가도다</u> (使者歷三湘) <杜詩 23:28b>

위의 경우 'NP이'로 실현되는 명사구는 모두 '행 위주·' 논항으로 실현된

것이다. 그리고 'NP에', 'NP로'는 '디나가다'의 '경로'의 논항으로 실현된 것
이다. 이 가운데 'NP로' 논항은 현대국어까지 이어져 실현되는 반면 '경로'
의 'NP에'는 문헌에서 16세기 국어까지 용례가 보인다.

다. '기점'의 'NP에' 논항이 소멸하는 경우

'기점'의 'NP에' 논항이 소멸하는 자동사로 '디나다2, 므르다3' 등이 있다.
이들은 모두 근대국어에 들어와 구문에서 '기점' 논항을 요구하지 않는다.
실례를 통해 논항의 변화 모습을 살펴보겠다.

예 (48)은 '디나다2(>지나다, 過)'가, (49)는 '므르다3(>무르다, 退)'가
15세기 국어에서 실현된 예이다. 이들은 중기 국어에서 'NP이 V', 'NP이
NP에 V'의 논항구조를 가지고 실현되었다.

(48) ㄱ. 每日 흔 度ㅣ 디나고 히는 每日 하늘해 흔 度를 몯 밋느니

<楞嚴 6:17a>

ㄴ. 無數千萬衆이 이 險道애 디나고져 ᄒ더니 (無數千萬衆이 欲過此險道ᄒ
더니) <法華 3:192b>

(49) ㄱ. 亡者ㅣ 惡道를 여희며 魔鬼神들히 다 믈러 흐터 가리이다

<月釋 21:126b>

ㄴ. 阿彌陁佛國에 나고져 훓 사ᄅᆞ몬 다 阿耨多羅三藐三菩提예 므르디 아니
ᄒ야 뎌 나라해 ᄇᆞᆯ쎠 나거나 <月釋 7:76a>

ㄷ. 뒤흐로 므르며 뒤흐로 므르라 <金三 2:65a>

예 (48ㄴ)의 '險道애'와 (49ㄴ)의 '阿耨多羅三藐三菩提예'가 '기점' 논항으로 실현된 것이다. 'NP이 V'와 'NP이 NP로 V'의 구문은 근대국어를 거쳐 현대국어까지 실현되는 반면, 'NP이 NP에 V'의 구문은 15세기 국어에서만 용례가 나타나다가 사라지게 된다. 이는 이들 동사의 의미 축출로 인한 결과로 보인다.

라. '방향'의 'NP에' 논항이 소멸하는 경우

'방향'의 'NP에' 논항이 소멸하는 경우는 같은 '방향'의 'NP로' 논항이 소멸하는 것에 비해 상대적으로 훨씬 적게 일어난다. '방향'의 'NP로' 논항이 소멸하는 경우를 다루면서도 언급하겠지만 '방향'의 'NP에' 논항의 소멸은 매우 드문 현상이다. 우리는 이러한 현상을 '펴디다(>펴지다, 漫)'를 통해 살펴보도록 하겠다.

'펴디다'는 15세기 국어에서 'NP이 V', 'NP이 NP에 V'의 논항구조를 취하였다.

> (50) ㄱ. 이 時節에 東녘 울헷 菊花ㅣ <u>펴뎌</u> 누를 爲ᄒᆞ야 됴핫ᄂᆞ고 (是節東籬菊 紛披爲誰秀) <杜詩 11:26b>
>
> ㄴ. 이제 敎法이 東土애 <u>펴디릴ᄊᆡ</u> <月釋 2:52b>

한편 중기국어에서 실현되었던 'NP이 V'의 '펴디다'는 근대국어를 거쳐 현대국어까지 실현되는 반면, 'NP이 NP에 V'의 '펴디다'는 20세기 초기 문헌까지 실현되다가 현대국어에서는 구문이 실현되지 않는다.

마. '원인'의 'NP에' 논항이 소멸하는 경우

구문에서 '원인'의 'NP에' 논항이 사라지게 된 것은 동사의 의미 변화와 밀접한 관련을 가진다. 예를 들어 '헐다, ᄒ야디다'는 중기 국어에서 동사의 의미가 '외부적 힘이나 물리적 작용에 의해 영향을 받는 것'으로 쓰이다가 후대에 '자연적 힘에 의해 스스로 대상 자체에 변화가 생기는 것'으로 의미 영역이 축소된다. 이로 인해 원인의 'NP에' 논항이 사라지게 된다.

예 (51)은 '헐다(>헐다, 弊)'가 실현된 예이며 (52)는 'ᄒ야디다(>해어지다, 傷)'가 실현된 예이다. 이들은 15세기 국어에서 'NP이 V', 'NP이 NP에 V'의 논항구조를 취하였다.

(51) ㄱ. ᄒ마 金이 ᄃ외면 ᄂ외야 鑛 ᄃ외디 아니ᄒ야 無窮혼 時節을 디나도 金性은 <u>허디</u> 아니ᄒᄂ니 (旣已成金ᄒ면 不重爲鑛ᄒ야 經無窮時ᄒ야도 金性은 不壞ᄒᄂ니) <圓覺上 2-3:33a-33b>

ㄴ. 二月이 ᄒ마 <u>헐오</u> 三月이 오ᄂ니 (二月已破三月來) <杜詩 10:7b>

ㄷ. 시혹 술히…갈해 <u>헐며</u> 도치예 버흔 들헷 瘡을 고툐ᄃᆡ (或肌肉…刀傷斧斫等瘡右取) <救急方上 82a>

(52) ㄱ. ᄇᄅ미 거스리 부니 짓과 터리왜 <u>ᄒ야디놋다</u> (風逆羽毛傷)

<杜詩 7:15b>

ㄴ. 더운 것과 더운 므레 <u>ᄒ야디여</u> 허러 알프거든 (熱物湯破成瘡疼痛)

89

<救急方下 10b>

(51ㄱ)은 '이미 금이 되면 다시 쇠가 되지 않아서 수많은 세월이 지나도 금의 성질은 헐어지지 아니하니' 정도의 의미를 갖는다. 예 (51ㄱ)은 '헐다'가 '-디 하니ㅎ다'의 부정 구성을 취하고 있다. (51ㄱ)에서 '허디 아니ㅎᄂ니'에 '-ᄂ-'가 통합되어 있는 것을 통해 '헐다'가 동사로 실현된 것임을 확인할 수 있다. (51ㄴ)에서 '헐다'는 'NP이'로 '二月이'라는 시간 명사를 취하였다. 이는 15세기 국어에서만 용례가 확인되는 용법이다. (51ㄷ)의 '헐다'는 '상처를 입다'의 의미를 가지는 것으로 '갈해'라는 'NP에' 명사구가 실현되었다. 이 때의 'NP에'는 '헐다'의 원인이 되는 명사구가 실현된 것이다. 예 (52ㄱ)은 '바람이 거슬러 부니 깃과 털이 해지는구나'의 의미로 'ㅎ야디다'가 'NP이 V'의 논항구조를 취한 예이다. 예 (52ㄴ)은 '뜨거운 것과 뜨거운 물에 해어져 헐어서 아프거든'의 의미로 'ㅎ야디다'의 '원인' 논항이 'NP에'로 실현되었다.

'헐다'가 쓰인 구문에서 '원인'의 'NP에' 논항은 15세기 국어 이후 용례가 보이지 않으며 'ㅎ야디다'는 근대국어 초기 문헌까지 용례가 보인다. 예 (53)은 17세기 국어에서 'ㅎ야디다'가 'NP에' 논항을 취한 용례이다.

(53) 범 역철 도든 거슬 글거 손톱의 희야디거나 혹 졀로 허러셔 피도 흐르며
<痘經 28a>

'ㅎ야디다'의 이러한 용법은 근대국어 후기 문헌부터 용례가 보이지 않는다.

3.2.2.3. 'NP로' 논항의 소멸

자동사 구문에서 'NP로' 논항이 소멸되는 경우는 'NP로'가 '방향, 기점, 지향점, 경로'의 의미역으로 실현되었을 경우이다. 모두 이동 자동사 구문에서 요구되는 논항들로 이들이 구문에서 실현되지 않게 됨으로써 이동 동사들의 구문에 변화가 생기게 된다.

가. '방향'의 'NP로' 논항이 소멸하는 경우

이 구문에서 '방향'의 'NP로' 논항이 소멸하는 자동사로는 '및다, 얼의다' 등이 있다. 그리고 15세기 국어에서 이들은 대상의 주어 'NP이'와 'NP에', 'NP로'의 방향 논항을 취하였다. 흥미로운 사실은 방향의 'NP로' 논항이 사라지는 시기에 방향의 'NP에' 논항은 계속해서 실현된다는 점이다. 이처럼 '방향'의 'NP에' 논항과 'NP로' 논항의 변화 양상이 다른 이유는 이들이 통사·의미적 차이를 가지고 있기 때문이다. 'NP에'와 'NP로'의 통사·의미 차이에 대해서는 앞서 논의한 바가 있다. 여기서 'NP에'는 '낙착점'의 의미가 강한 반면, 'NP로'는 '방향'의 의미가 강하다는 사실이다. '및다, 얼의다'의 경우 이들이 'NP로'를 논항으로 취했던 15세기 국어에서는 동사의 '방향'의 의미가 실현되었다고 할 수 있다.

그러나 후대에 'NP로'의 논항이 나타나지 않고 'NP에'의 실현만이 가능해진 경우에는 동사의 '방향'의 의미는 상실되고 '착점'의 의미만이 남아서 실현된 것이다. 이러한 일련의 사실을 아래의 예들을 통해 살펴볼 수 있다.

예 (54)은 '및다', (55)는 '얼의다'가 15세기 국어에서 실현된 예들이다.

(54) ㄱ. 곧 말ᄉᆞ미 政事애 <u>미츠샤</u> 돕ᄉᆞ오미 하시고 <內訓 2:43b>

　　ㄴ. 나ᄆᆞᆫ 믌겨리 겯트로 <u>미츠샤</u> <楞嚴 6:44b>

(55) ㄱ. 神光이 안해 <u>얼의여</u> 한 婬心을 化ᄒᆞ야 智慧火ᄅᆞᆯ 일오니 (神光이 內凝ᄒᆞ야 化多婬心ᄒᆞ야 成智慧火ᄒᆞ니) <楞嚴 5:65b>

　　ㄴ. 智水ㅣ 안ᄒᆞ로 <u>얼의면</u> 곧 ᄇᆞ롬과 드틀왜 자아 상녜 괴외ᄒᆞᄂᆞ니

<金三 3:34a>

예 (54)-(55)의 주어 '말ᄉᆞ미, 믌겨리, 神光이, 智水ㅣ'는 모두 '및다'의 대상 논항이다. (54ㄱ), (55ㄱ)의 'NP에' 논항인 '政事애, 안해'는 방향 논항으로 실현되었다. 그리고 방향 논항이 'NP로'로 실현된 것이 (54ㄴ), (55ㄴ)이다. 이들은 근대국어에 들어와 구문의 변화를 겪는다. 'NP이 NP에 V'의 구문은 근대국어까지 이어져 실현되는 반면, 'NP이 NP로 V'의 구문은 중기국어 문헌 이후로는 찾아볼 수 없다.

나. '기점'의 'NP로' 논항이 소멸하는 경우

자동사 구문에서 '기점'의 'NP로' 논항이 소멸하는 경우는 두 가지 유형이 있다.

첫째, '행 위주·'를 주어 논항으로 취하는 구문에서 '기점'의 'NP로'가 실현되지 않게 되는 경우이다. 이 경우 기점의 'NP로' 논항이 사라지면서 기점

의 'NP로브터' 논항이 실현되는데 이 또한 현대국어까지 이어지지 못하고 용법이 없어지게 된다. 이에 속하는 것이 '나다(>나다, 出)'이다.

(56) ㄱ. 내 이제 ᄀ장 져근 얼구를 밍ᄀ라 싸호리라 ᄒ고 즉재 얼구를 젹게 밍ᄀ라 龍의 이브로 드러 고ᄒ로 <u>나며</u> (卽化形使小 便入龍口中 從鼻中出)

<月釋 25:107b>

ㄴ. 쥬쟝이 몸을 니ᄅ혀 아문으로브터 <u>나셔</u> 진 셧는 싸히 가 각별이 향ᄒ야 갈 ᄃ로 졍호려 호미니라 <兵學 4a>

(56ㄱ)은 '내가 이제 가장 작은 얼굴을 만들어 싸울 것이다 하고 즉시 얼굴을 작게 만들어 용의 입으로 들어가 코로 나오고'의 의미로 '고ᄒ로'가 '기점'으로 실현되었다. '기점'의 'NP로' 논항이 실현된 '나다' 구문은 15세기 국어 이후의 문헌에서는 용례가 보이지 않는다. (56ㄴ)은 '나다'가 근대국어 에서 실현된 용례이다. (56ㄴ)은 '주장이 몸을 일으켜 아문(衙門)으로부터 나와서 진이 서 있는 땅에 가서 각별히 향해 갈 곳을 정하려 한다'의 의미로 여기서 '아문으로브터'가 '기점'의 의미역을 가진다. 그러나 이 또한 현대국어 까지 이어지지 못하고 없어진다. '행 위주·'와 '기점' 논항을 가진 '나다'의 이 러한 용법은 '나다'를 어기로 하는 합성어 '나오다, 나가다'를 통해 실현된다.

둘째, '대상' 주어가 실현된 구문에서 실현되는 '기점'의 'NP로' 논항이 없 어지는 경우이다. 이에 속하는 자동사는 공시적으로 기점의 'NP로' 논항과 함께 'NP로브터', 그리고 기점의 'NP에' 논항이 함께 실현되는 모습을 보인 다. 동사에 따라 이들과 함께 'NP에서'가 실현되는 경우도 있다. 그러다가

'NP로'는 사라지고 'NP로브터'와 'NP에', 'NP에셔'가 일정 기간 실현되다가
이 중에서 'NP에셔'만이 남아 현대국어의 'NP에서'로 이어져 기점 논항을
실현시키는 경우도 있고, 'NP에'가 근대국어까지 이어지다가 어형이 사라지
면서 용법도 함께 사라지는 경우가 있다. 결국 구문에서 '기점'의 논항이 없어
지는 것은 아니라 '기점' 논항이 실현되는 명사구의 형태가 달라질 뿐이다.
이러한 변화를 겪는 자동사로는 '나다(>나다, 出), 비릇다(始)'가 있다.

　예 (57)은 '나다(>나다, 出)'가 실현되었고, 예 (58)은 '비릇다(始)'가 실
현되었다.

(57) ㄱ. 머즌 이리 이브로 <u>나ᄂ니</u> 이비 블라와 더으니 <釋詳 11:42b>

　　ㄴ. 모딘 말 듣고 ᄆᅀᆞ미 뮈디 아니ᄒ면 功德과 智慧왜 일로브터 <u>나고</u>

　　　　　　　　　　　　　　　　　　　　　　　　　　　　<南明上 41a>

　　ㄷ. 驕慢ᄒ며 放縱호미 奢侈예 <u>나며</u> 危亡이 忽微예 니러날가 샹녜 젼노이다

　　　　　　　　　　　　　　　　　　　　　　　　　　<內訓 2:96b-97a>

　　ㄹ. 思惑은 五根五塵에셔 <u>나니라</u> <法華 1:189a>

(58) ㄱ. 華光佛로 <u>비르서</u> 毗舍佛 니르리 一千 부톄 莊嚴劫에 나시니

　　　　　　　　　　　　　　　　　　　　　　　　　　<月釋 15:1a-1b>

　　ㄴ. 大悲門을 열면 다옴 업슨 法門이 일로브터 <u>비릇ᄂ니</u> <金三 5:26a>

　　ㄷ. 모돈 거시 다 妄覺애 <u>비르서</u> 五行애 感홀씨 <楞嚴 4:19a>

　예 (57)과 (58)에 실현된 예문의 주어는 모두 '대상'의 논항이 실현되었
다. (57)의 '머즌 이리, 功德과 智慧왜, 驕慢ᄒ며 放縱호미, 思惑은', (58)의

'모든 거시, 법문이'가 그렇다. 그리고 (57ㄱ)의 '이브로'와 (58ㄱ)의 '華光佛로'는 '기점'의 'NP로' 논항이 실현된 것이고, (57ㄴ)의 '奢侈예'와 (58ㄴ)의 '妄覺애'는 기점의 'NP에' 논항이, (57ㄴ)과 (58ㄴ)의 '일로브터'는 기점의 'NP로브터'가, (57ㄹ)은 '五根五塵에셔'가 실현되었다. '나다' 구문에서는 (57ㄹ)의 '五根五塵에셔'로 실현된 'NP에셔'가 'NP에서'로 현대국어까지 이어지며 '비릇다'는 (58ㄴ)의 'NP에' 기점 논항이 근대국어까지 실현되다가 '비릇다'의 어형이 사라지면서 용법 또한 나타나지 않게 된다.

다. '지향점'의 'NP로' 논항이 소멸하는 경우

'지향점'의 'NP로' 논항이 소멸하는 자동사들은 지향점의 'NP로' 논항이 실현되지 않으면서 지향점의 'NP에' 논항도 실현되지 않게 되거나, 혹은 'NP에'의 지향점 논항이 이미 구문에서 실현되지 않게 된 후 지향점의 'NP로' 논항도 실현되지 않게 된다. 두 경우 모두 지향점의 'NP로' 논항이 소멸하게 됨으로써 이동 구문을 형성했던 자동사들은 더 이상 이동 동사로서의 용법을 가지지 못하게 된다. 이에 속하는 자동사로는 '듣다(>닫다, 走), 옮다(>옮다, 轉)' 등이 있다.

예 (59)는 '듣다(>닫다, 走)', (60)은 '옮다(>옮다, 轉)'가 15세기 국어에서 실현된 예문이다.

(59) 軍이 미처 오거늘…뫼ㅎ로 듣거늘 <內訓 3:48a>

(60) 文殊普賢이 왼녀그로 돌며 올흔녀그로 옮거늘 <金三 3:24a>

95

예 (59)는 '군이 미쳐서(及) 오거늘…산으로 빨리 뛰어가거늘'의 의미로 '뫼ㅎ로'가 지향점 논항으로 실현되었다. 예 (60)은 '문수보살이 왼쪽으로 돌며 오른쪽으로 옮겨가거늘'의 의미로 '올흔 녀그로'가 지향점의 논항으로 실현되었다. 행 위주·와 지향점을 논항으로 취했던 15세기 국어의 '돈다'와 '옮다'는 모두 이동 행위 자동사로 분류된다.

이들이 구문에서 지향점의 'NP로' 논항을 취하는 것은 근대국어에서도 살펴볼 수 있다. 예 (61)은 '돈다'가 근대국어에서, (62)는 '옮다'가 20세기 초기에서 실현된 예이다.

(61) 앏 셔기롤 두토아 뎌 밋 굼글 끼고 동으로 <u>돗고</u> 셔로 두라 <朴諺中 43b>

(62) 나는 다른 地方으로 <u>올무랴</u> ᄒ노라 ᄒ니 <新尋 11b>

예문 (61)에서는 '동으로', (62)에서는 '地方으로'가 '지향점' 논항으로 실현되었다. 이들 예를 통해 '돈다'는 근대국어 후기까지, '옮다'는 20세기 초기까지 이동 구문을 형성했음을 알 수 있다. 이후 이러한 용법이 사라지게 되면서 이들은 현대국어에서는 더 이상 이동 구문을 형성하지 못하게 된다.

라. '경로'의 'NP로' 논항이 소멸하는 경우

'경로'의 'NP로' 논항이 소멸된 경우는 '디나다2(>지나다, 過)'가 있다. '디나다'는 현대국어의 '지나다'에 이어지는 어형이다. 이는 15세기 국어에서 'NP이 V', 'NP이 NP에 V', 'NP이 NP로 V'의 논항구조를 가지고 실현되었다.

(63) ㄱ. 每日 흔 度ㅣ 디나고 히는 每日 하늘해 흔 度룰 몯 밋ᄂ니
<楞嚴 6:17a>

　　ㄴ. 無數千萬衆이 이 險道애 디나고져 ᄒ더니 (無數千萬衆이 欲過此險道
ᄒ더니) <法華 3:192b>

　　ㄷ. 빗출 기우려 믌결로 드러가ᄂ니 횟돈 뒤로 디나며 믌ᄀ술 ᄀ리텨 가
險阻호믈 업시ᄒ놋다 (欹帆側柂入波濤 撇漩捎濆無險阻)
<杜詩 25:47a>

이 가운데 'NP이 V' 구문은 근대국어를 거쳐 현대국어까지 실현된다. 이
와는 달리 'NP이 NP로 V' 구문은 근대국어에 들어오면 통사 실현에 변화
를 입게 된다. 'NP로' 논항은 18세기 국어까지 실현된 것으로 보인다.

3.2.2.4. 'NP와' 논항의 소멸

자동사 구문에서 'NP와' 논항이 소멸되는 경우는 '대상'의 'NP와' 논항이
실현되지 않게 되는 경우이다. 이러한 변화는 소수의 자동사 구문에서 나타
나는 현상으로 '븓들다(>붙들다, 扶)'가 이에 속한다. '븓들다'는 중기 국어
에서 'NP이 NP와 서르 V'의 구문을 형성하였다. 예 (64)이 이에 해당한다.

(64) 쏘 흔 누늘 ᄆᄌ 쌔혀 그 使者롤 맛디고 자내 妃子와 서르 <u>븓드러</u> 城 밧긔

거러나니 <釋詳 24:51b>

'NP이 NP와 서르 븓들다'의 구문은 15세기 국어에서만 용례가 나타나며
근대국어에서는 실현되지 않는다.

3.2. 타동사 구문의 '-로' 동사 구문의 변천사

타동사 구문의 변화는 다음과 같이 다섯 가지로 요약된다.

첫째, 타동사의 실현은 타동사 동사 목록의 개수가 중요한 것이 아니라,
사동사가 실현됨으로써 타동사 구문이 저하된 이유에서 비롯되었다. 이에
대한 고영근(2016)의 연구는 이를 입증한 최초의 연구로서 선례가 없는 연
구업적이라 사료된다. 또, 사동사 구문이 현대국어에 발달하지 못한 이유를
일부 견해에서는 사동사의 동사 목록이 적어서라고 하곤 하는데, 실은 그보
다 타동사 구문의 변화와 결부시켜 논의할 만한 증거들이 몇 가지 있다. 실
례를 들면 아래와 같다.

1) 타동사의 어휘가 발달함으로써 사동사의 발달이 저해되는데 그 이유가
   언어내적 이유인지 언어외적 이유인지에 대해 구체적으로 논의하려고
   한다.
2) 타동사가 발달되지 못한 이유가 타동사 목록의 저조함 때문인지에 대

한 정확한 규명이 필요하다.

3) 타동사의 발달로 사동사 구문이 발달하지 않은 이유에 대해 살펴보려고 한다.

4) 타동사 구문이 사동사 구문을 밀어낸 것이 사동사 발달 구문을 일으킨 주된 원인인지에 대해 적극적인 원인 규명을 해 보고자 한다.

5) 타동사의 발달로 타동사의 동사 목록 개수에 변화가 있는지에 대해 구체적인 논의를 하려고 한다.

이번 장은 타동사의 발달이 다른 문장의 문법 체계 내 변화와 어떤 관련성이 있는지에 고찰해 보려고 한다. 이러한 목적 아래, 아래 두 가지 목표를 설정하고 본 연구를 진행하려고 한다.

1) 타동사로 실현되던 어휘가 타동성을 잃게 된다.

2) 심리 타동사가 'V-어 ᄒᆞ다' 합성법의 발달로 타동적 용법을 잃게 된다.

이에 대해 타동사 발달의 구문과 타동성과 사동성의 저해 관계에 대해 구체적으로 살펴보기로 한다.

이러한 이유로 인해 다음의 가설 역시 위의 두 가지 추론에 의해 나머지 두 가설 역시 유효함을 알 수 있다.

① 타동사 구문의 발달과 타동사 구문의 저해 관계는 밀접한 것 같으나 실은 타동사 목록의 변화가 더 큰 원인으로 작용한다.

② 타동사 목록의 개수가 증가한 것은 자동사 구문에서 피동사 구문의
　　발달과 관련을 가진다.

　또한 위의 두 가지 이유로 인해 타동사의 발달이 촉진되었으나, 사동사가
우연의 일치인지 의도적인 원인에 의해서인지는 모르겠으나 타동사 구문에
영향을 끼친 것이 아닌가 조심스러운 추정을 해 본다. 그러므로 타동사 발달
과 사동사 구문의 발달은 무관하지는 않으나, 변화의 원인 속에서 두 요소가
밀접한 관련을 가진 것은 아닌 것처럼 보인다.

　또, 다음과 같은 이유는 타동사 구문이 사동사의 발달과 무관한 것임을
알 수 있다.

　요컨대, 몇 가지로 요약된다.

첫째, 타동 구문에서 결과의 NP논항이 자격의 NP논항과 결부됨으로써
　　　타동 구문을 발전시킨 것이다.

둘째, 타동성이 잃게 되는 것은 사동사의 발달 때문이지 타동사 구문의
　　　변화가 직접적인 원인으로 작용한 것은 아니다.

셋째, 대상의 'NP로'와 결과의 'NP를'을 취했던 'NP이 NP로 NP를 V'
　　　의 전환 타동사 구문에서 대상의 'NP로'의 기능이 약해지면서 대상
　　　의 논항은 'NP를'로, 결과 논항은 'NP로'로 실현된다.

넷째, 인용의 조사 '-고'가 발달하면서 'S'가 문장 내에서의 논항으로서의
　　　자격을 분명히 가진다는 것을 알게 된다.

3.2.1. 문법 변화와 구문 변화

1) 사동사 구문의 발달과 타동사 구문의 쇠퇴

타동사 중 일부의 어휘들은 사동사 어휘의 실현으로 인해 타동사로서의 기능을 잃게 되는 부류가 있다. '기울다, 숨다, 굽다' 등이 이에 속한다.

(1) ㄱ. 妙를 探ᄒ며 玄을 探호려 홀띤댄 實로 쉽디 아니ᄒ니 決ᄒ야 굴힐 쩨 열운 어름 넓듯 ᄒ야 모로매 耳目을 <u>기우러</u> 玄妙ᄒ 소리를 바ᄃ며
<永嘉下 111b-112a>

ㄴ. 누늘 ᄡ면 곧 보고 귀를 <u>기우리면</u> 곧 드르며 <金三 3:20b>

(2) ㄱ. 人間애 자최 업고 山谷애 모믈 <u>수머</u> 親ᄒ 버디 기리 긋고 鳥獸ㅣ 時예 놀어늘 <永嘉下 109a>

ㄴ. 자최 업서 모믈 <u>숨겨</u> 北斗에 갈ᄆ샤믈 아디 몯ᄒ샷다 <金三 4:37b>

(3) ㄱ. 물 들여셔 굴에를 밧겨 소내 프른 시를 티티고 萬仞인 묏부리예 셜리 ᄂ 리들여 모믈 <u>구버</u> 旗 아소믈 ᄒ야 보노라 (走馬脫轡頭 手中挑靑絲 捷下 萬仞岡 俯身試攇旗) <杜詩 5:26b>

ㄱ'. 다시 헐이를 <u>굽어</u> 손가락으로써 ᄡ아ᄋᆞᆯ 그으니 <요 8:9>

ㄴ. 모믈 <u>구펴</u> 볼와셔 긴 ᄀ래나모 서리예셔 도라보놋다 (踽踽顧長楸)
<杜詩 17:34b>

예 (1ㄱ)은 '묘법을 캐거나 현묘한 진리를 찾아내고자 할진대 실로 쉽지

아니하니…눈과 귀를 기울여 현묘한 소리를 받들며15)'의 의미로 '기울다'가 타동 구문을 구성한 예이다. (1ㄴ)은 '눈을 뜨면 곧 보고 귀를 기울이면 곧 들으며'의 의미로 타동사 '기울이다'가 실현된 예이다. '기울이다'는 '기울다'의 사동사로 타동 구문을 형성한다. (1ㄱ)과 (1ㄴ)을 비교해 보았을 때 두 동사가 모두 통사·의미적으로 유사한 명사구를 논항으로 취하고 있음을 살펴볼 수 있다. (1ㄱ)의 '기울다'가 타동 구문을 구성하였으나 공시적으로 '기울이다'의 타동사적 용법이 다양한 환경에서 더 생산적으로 실현되었다. (1ㄱ)의 타동사 '기울다'는 '기울이다'에 의해 타동적 기능을 대체하게 된다.

예 (2ㄱ)은 '…산속에 몸을 숨겨 친한 벗이 끊어지고…'의 의미로 '숨다'가 타동사로 실현된 예이다. (2ㄴ)은 '자취 없고 몸을 숨겨…'의 의미로 '숨다'의 사동사 '숨기다'가 타동 구문으로 실현된 예이다. (2ㄱ)과 (2ㄴ)을 비교해 보면 '숨다'와 '숨기다'가 동일한 명사구 '모믈'을 '대상' 논항으로 취하고 있음을 볼 수 있다. (2ㄱ)의 타동사 '숨다' 구문은 통사·의미적으로 사동사 '숨기다'와 유사한 구문을 형성한다. '숨기다'는 사동사이면서 동시에 타동 구문을 구성하였고, 타동사 '숨다'에 비해 더 생산적으로 실현되었다. 결과적으로 '숨다'의 타동적 용법은 사동사 '숨기다'에 의해 실현되면서 타동적 기능이 사라지게 된다.

예 (3ㄱ)은 '…산봉우리에 빨리 달려 몸을 굽혀 기 빼내는 것을 시도해 본다'의 의미로 '굽다'가 타동 구문을 구성한 예이다. 여기서 '굽다'의 '대상' 논항은 '모믈'이 실현되었다. 동일한 명사구 '모믈'이 (3ㄴ)에서는 동사 '구피

---

15) 원문에서는 '바ᄃ며'가 아니라 '비ᄃ며'로 되어 있으나 오각으로 보인다. 구결문을 살펴보면 '奉'에 대응되기 때문에 '받다'가 실현된 것으로 보아야 한다.

다'의 논항으로 실현되었다. (3ㄴ)은 '몸을 굽혀 밟아서 긴 가래나무 가운데
에서 돌아보도다'의 의미로 '구피다'가 타동사로 실현되었다. (3ㄱ)과 (3ㄴ)
을 통해 '굽다'와 '구피다'가 통사·의미적으로 유사한 구문을 형성하였음을
살펴볼 수 있다. '굽다'의 타동적 용법은 근대국어 후기 문헌까지 용례가 나
타난다. 예 (3ㄱ')가 이러한 사실을 보여 주는데 이는 19세기 국어에 실현된
예이다. (3ㄱ')는 '다시 허리를 굽혀 손가락으로써 땅을 그으니'의 의미로
'굽다'의 타동적 용법을 보여 준다. 그러나 '굽다'의 타동 구문 역시 '구피다'
에 의해 실현됨으로써 타동사 '굽다'의 용법은 현대국어에서 실현되지 않게
된다.

2) '-어 ᄒᆞ다' 구문의 발달과 타동구문의 쇠퇴

이에 속하는 동사 목록은 '깃거ᄒᆞ다, 믜여ᄒᆞ다, 슬허ᄒᆞ다, 저허ᄒᆞ다' 등이
있다.[16]

먼저 타동사와 형용사의 겸용 쓰임을 보이는 '셟다(>섧다), 슳ᄒᆞ다(>싫
다, 厭)'의 타동사적 용법이 사라지는 모습에 대해 살펴보기로 하겠다.[17] 예
문 (4ㄱ)은 '셟다', (4ㄴ)은 '셜버ᄒᆞ다'가 실현된 예이며, 예문 (5ㄱ)은 '슳ᄒᆞ
다'가, (5ㄴ)은 '슳ᄒᆞ야ᄒᆞ다'가 각각 15세기 국어에서 실현된 예이다.

---

16) 15세기 국어의 '-어 ᄒᆞ다'의 통사·의미적 기능에 대해서는 이현희(1985, 1986ㄱ), 장경
  준(1998) 등에서 다루어졌다. 이것의 기능에 대해서는 용언의 강조된 표현으로 사용된
  다고 논의되고 있다. 필자도 이러한 견해를 수용하여 논의를 진행하겠다.
17) 여기서는 이들의 타동적 용법이 사라지는 것을 살펴보는 것이 목적이므로, 이들의 형용
  사 구문에 대해서는 논의하지 않겠다.

(4) ㄱ. 巴州ㅅ 사르미…더우믈 <u>셜워</u> 우놋다 (巴州人…慟哭厚地熱)

<杜詩 12:10b>

　　ㄴ. 이 사르미 後ㅅ 닐웨예 빅부러 命終ᄒ야 起屍餓鬼 中에 나 샹녜 주으료
　　　믈 <u>셜버ᄒ리니</u> <月釋 9:35-2b>

(5) ㄱ. 十方 天仙이 그 내 더러우믈 <u>슬ᄒ야</u> 다 머리 여희며 (十方天仙이 嫌其臭
　　　穢ᄒ야 咸皆遠離ᄒ며) <楞嚴 8:5b>

　　ㄴ. 사르미 受苦를 맛나아 老病死를 <u>슬ᄒ야ᄒ거든</u> 위ᄒ야 涅槃을 니르샤
　　　受苦를 업게 ᄒ시며 <釋詳 13:17b-18a>

　예문 (4ㄱ)은 '파주 사람이…더움을 서러워하여 우는구나'의 의미로 '셟
다'가 '더우믈'이라는 대상 논항을 취하였다. (4ㄴ)은 '이 사람이…항상 굶주
림을 서러워하니'의 의미로 '셜버ᄒ다'의 대상 논항으로 '주으료믈'이 실현된
예이다. 예 (5ㄱ)은 '十方 天仙이 그 냄새가 더러움을 싫어하여 다 멀리 떠나
며'의 의미로 '슬ᄒ다'가 '더러우믈'이라는 대상 논항을 취하였다. (5ㄴ)은
'사람이 수고로움을 만나 늙고 병들고 죽는 것을 싫어하거든 (그를) 위하여
열반을 일러 주어 수고로움을 없어지게 하시며'의 의미로, '슬ᄒ야ᄒ다'가
'老病死를'을 대상 논항으로 취하였다. (4)-(5)의 예들을 통해 15세기 국어
에서 '셟다'와 '셜버ᄒ다', '슬ᄒ다'와 '슬ᄒ야ᄒ다'가 함께 실현되었음을 살
펴볼 수 있다.
　'슬ᄒ다'의 타동 구문은 15세기 국어 이후 살펴볼 수 없고, 16세기 문헌에
서는 타동사 '슬ᄒ야ᄒ다'가 실현되었다. 중기 국어 이후 이들의 타동적 용
법은 '슬허ᄒ다(>싫어하다)'에 의해 이어지게 된다. 이와는 달리 '셟다'와

'셜버ᄒ다'의 타동적 용법은 근대국어 문헌에서도 살펴볼 수 있다.

(6) ㄱ. 녜 혼 賢人이 이시니…집이 간난호되 글 닑기를 됴히 너기더니 칙 업슴을
　　셜워 每日에 市上書鋪中에 가 客人의 ᄑᄂᆞᆫ 바 칙을 비러 讀誦ᄒ여
　　　　　　　　　　　　　　　　　　　　　　　　　　　<伍倫 1:20b-21a>

　ㄴ. 옥에 가친 사ᄅᆞᆷ들이 말ᄒᆞ되 셜워 말나 <경향 4:398>

(7) 션왕의 ᄌᆞ최를 어ᄅᆞᄆᆞᆫ져 닉 신셰를 셜워ᄒ야 호텬 통곡ᄒ고 혼졀ᄒ야 누어시
　　니 <閑中 488>

또, '끼다, 믜다, 슳다1, 졎다'의 타동적 용법이 사라지는데, 같은 현상의
범주 안에서 다룰 수 있다. 예 (8)은 '끼다', (9)는 '슳다1', (10)은 '믜다',
(11)은 '졎다'가 중기국어에서 실현된 예이다.

(8) ㄱ. 그 ᄢᅴ 窮子ㅣ 비록 이 맛나ᄆᆞᆯ 깃그나 <月釋 13:25b>

　ㄴ. 昏蒙호ᄆᆞᆯ 包容ᄒ야셔 뎌 부료ᄆᆞᆯ 깃거ᄒ노라 <杜詩 16:1b>

(9) ㄱ. 百工이 쉬면 ᄆᆞᅀᆞ미 답답ᄒ야 늘구믈 슬흐리라 <杜詩 7:36a>

　ㄴ. ᄀᆞᅀᆞᆯ홀 슬허 셴 머리를 도ᄅᆞ혀 ᄇᆞ라고 <杜詩 3:44b>

(9') ㄱ. 漸漸 ᄂᆞ치 늘거가믈 슬허ᄒ노니 <杜詩 3:36b>

　ㄴ. 늙고 큰 藤蘿를 슬허ᄒ고 굽고 서린 남그란 기피 입노라 <杜詩 9:14a>

(10) ㄱ. 婇女ᄃᆞᆯ히 王ᄋᆞᆯ 믜여 無憂華樹를 것거 <月釋 25:75a>

　ㄴ. 복셨고지 블고미 錦이라와 더오ᄆᆞᆯ 내 分엣 것 삼디 몯ᄒ고 버듨개야지
　　소오미라와 히요ᄆᆞᆯ ᄀᆞ장 믜노라 <杜詩 23:23a>

(10′) ㄱ. 文矩ㅣ 죽거늘 네 아두리 穆姜이룰 <u>믜여ᄒᆞ거늘</u> <三綱烈 7>

　　　ㄴ. 셩인은 사문의 졍예 굴히디 아니ᄒᆞᄂᆞᆫ 둘 <u>믜여ᄒᆞ시ᄂᆞ니라</u>

<初發-發心 32a>

(11) 人間애 나 宿命念을 得ᄒᆞ야 惡趣의 受苦룰 <u>저허</u> 貪欲을 즐기디 아니ᄒᆞ고

<月釋 9:30a>

(11′) 婆羅門을 <u>저허ᄒᆞᄂᆞ대</u> ᄒᆞ신대 <月釋 20:88a>

예 (8)은 타동사 '지다'가 실현된 예로, '지다'의 타동적 용법은 19세기 후기 문헌에서는 살펴볼 수 없게 된다. 이와는 달리, '깃거ᄒᆞ다'는 근대국어 후기 문헌으로 갈수록 더욱더 다양한 환경에서 활발하게 실현된다. 타동사 '깃거ᄒᆞ다'의 용법은 20세기 초기 문헌에서도 살펴볼 수 있다. 예 (7)이 이에 해당한다. 이러한 타동사에 대한 해석 및 구절 풀이, 의미 해석에 대한 논의는 타동 구문의 '-로'와 관련된 것에 국한하여 집중적으로 논의하였음을 밝혀 둔다.

예 (9)은 '슳다'가 타동사로 실현된 예이다. '슳다'의 타동 구문은 19세기 국어에 드물게 나타나다가 사라지게 된다. 근대국어에 들어와 활발하게 사용된 '슬허ᄒᆞ다'의 타동적 용법에 의해 '슳다'의 타동사적 기능은 점점 그 용법을 잃게 된 것이다. 예 (8‘)는 20세기 초기 문헌에서 실현된 타동사 '슬허ᄒᆞ다'의 용례이다.

예 (10)는 타동사 '믜다'가 실현된 예이다. '믜다'의 타동 구문은 19세기 문헌까지 발견된다. 이와는 달리 타동사 '믜여ᄒᆞ다'는 근대국어 후기 문헌으로 갈수록 더욱더 생산적으로 실현되며 현대국어의 '미워하다'로 이어지게

된다. 예 (10′)는 20세기 초기 문헌에서 '믜여ᄒ다'가 타동 구문으로 실현된 예이다.

예 (11)은 타동사 '젛다'가 실현된 예로, '젛다'의 타동 구문은 18세기 문헌까지 실현되다가 사라지게 된다. 예 (11″)는 19세기 문헌에 실현된 타동사 '저어ᄒ다'의 용례이다. 타동사 '젛다'가 사라진 후 '저어ᄒ다'의 타동 구문만이 실현되다가 현대국어의 '저어하다'로 이어지게 된다.

이 가운데 '쳐다, 슳다1, 믜다, 젛다'의 타동적 용법은 근대국어 문헌에서도 살펴볼 수 있는데, 근대국어 후기 문헌으로 갈수록 타동적 용법이 사라지는 모습을 보여 준다. 아래에 제시된 근대국어의 구문 용례를 통해 살펴보기로 하겠다.

(12) ㄱ. 튱즈긔셔 이샹 긔이ᄒ시믈 더 <u>깃거</u> 닉게 하례ᄒ시니 <閑中 52>

　　 ㄴ. 王이 主帥 査文徽의게 드리니 徽 그 色을 <u>깃거</u> 納ᄒ고져 ᄒ거늘

　　　　　　　　　　　　　　　　　　　　　　　　　　　　<女四 4:25a>

(12′) ㄱ. 유대 사름들이 이 일을 <u>깃거ᄒᄂ</u> 거슬 보고 ᄯ 베드로를 잡으랴 홀ᄉᆡ

　　　　　　　　　　　　　　　　　　　　　　　　　　　<신학 2:334>

　　 ㄴ. 감리 교인들노 더브러 이 곳에 모힘을 극히 <u>깃거ᄒ며</u> <신학 6:145>

(13) 당신을 뵈올 적마다 쇠경의 져러ᄒ시믈 <u>슬허</u> 눈물이 나 큰집이 고위ᄒ믈 민망 ᄒ더니 <閑中 368>

(13′) ㄱ. 구구이 격결ᄒ고 졀졀이 이통ᄒ여 ᄶᆡ를 <u>슬허ᄒ고</u> <대한 1904>

　　 ㄴ. 나ㅣ 하직ᄒᄂ 것을 <u>슬허ᄒ지</u> 말으쇼셔 <경향 3:424>

(14) ㄱ. 녜 진 도틕 머리도 즐겨 사디 아니ᄒ니 뎌를 <u>믜워</u> 당틔 못ᄒ여 ᄒ더니

107

<朴諺中 47a>

ㄴ. 늬가 셰손 어민 줄 믜워 제가 어미 노릇슬ᄒ랴 ᄒ고 <閑中 384>

(15) ㄱ. 공연이 원수를 맷저 남을 <u>미워하니</u> 그 마암이 무겁고 답답하야

<신학 3:5>

ㄴ. 그 남편이 안해가 예수 밋는 거슬 <u>미워하야</u> 큰 원수 진 것 가치 항상
몹시 짜리고 <신학 3:431>

(16) ㄱ. 비록 나를 ᄉ랑티 아니ᄒ야도 오히려 그 禍를 <u>저허</u> <御內 3:20a>

ㄴ. 하나님을 <u>저어ᄒ지</u> 안으미라 <로마 3:18>

예 (12)는 타동사 '짓다'가 실현된 예로, '짓다'의 타동적 용법은 19세기
후기 문헌에서는 살펴볼 수 없게 된다. 이와는 달리, '깃거ᄒ다'는 근대국어
후기 문헌으로 갈수록 더욱더 다양한 환경에서 활발하게 실현된다. 타동사
'깃거ᄒ다'의 용법은 20세기 초기 문헌에서도 살펴볼 수 있다. 예 (12′)가
이에 해당한다.

예 (13)는 '슳다'가 타동사로 실현된 예이다. '슳다'의 타동 구문은 19세기
국어에 드물게 나타나다가 사라지게 된다. 근대국어에 들어와 활발하게 사
용된 '슬허ᄒ다'의 타동적 용법에 의해 '슳다'의 타동사적 기능은 점점 그
용법을 잃게 된 것이다. 예 (13′)는 20세기 초기 문헌에서 실현된 타동사
'슬허ᄒ다'의 용례이다.

예 (14)는 타동사 '믜다'가 실현된 예이다. '믜다'의 타동 구문은 19세기
문헌까지 발견된다. 이와는 달리 타동사 '믜여ᄒ다'는 근대국어 후기 문헌으
로 갈수록 더욱더 생산적으로 실현되며 현대국어의 '미워하다'로 이어지게

된다. 예 (15)는 20세기 초기 문헌에서 '믜여ᄒᆞ다'가 타동 구문으로 실현된 예이다.

예 (16ㄱ)은 타동사 '젛다'가 실현된 예로, '젛다'의 타동 구문은 18세기 문헌까지 실현되다가 사라지게 된다. 예 (16ㄴ)은 19세기 문헌에 실현된 타동사 '저어ᄒᆞ다'의 용례이다. 타동사 '젛다'가 사라진 후 '저어ᄒᆞ다'의 타동 구문만이 실현되다가 현대국어의 '저어하다'로 이어지게 된다.

요컨대 근대국어 후기로 갈수록 '깄다, 슳다1, 믜다, 젛다'가 타동 구문으로 실현되는 예가 줄어드는 반면, 이들을 어기로 한 합성어 '깃거ᄒᆞ다, 슬허ᄒᆞ다, 믜여ᄒᆞ다, 저어ᄒᆞ다'의 타동 구문은 상대적으로 더 활발하게 실현되었음을 살펴볼 수 있다. 이 가운데 '믜여ᄒᆞ다'와 '저어ᄒᆞ다'의 타동 구문은 현대국어까지 이어지는 반면, '깃거ᄒᆞ다'와 '슬허ᄒᆞ다'는 현대국어까지 이어지지 못한다. 이들은 20세기 초기 국어에 타동사로 실현되었으나 어형이 현대국어까지 이어지지 못하게 됨에 따라 그 기능도 함께 사라지게 된다. '깄다'의 형용사 '깃브다'에 '-어 ᄒᆞ다'가 결합한 '깃버ᄒᆞ다'가 현대국어의 '기뻐하다'로 이어지게 된다. 마찬가지로 '슬허ᄒᆞ다' 역시 '슳다'의 형용사 '슬프다'에 '-어 ᄒᆞ다' 구성이 통합하여 '슬퍼하다'의 어형으로 현대국어에서 실현된다.

3) 조사의 격 기능 변화와 구문 변화

대상의 기능을 가진 조사 '-로'가 통합한 명사구는 타동사의 논항으로도 실현되어 15세기 국어에서 타동 구문을 구성하였다. '-로'가 통합한 명사구는 'NP로' 논항으로 실현되는데 'NP로'가 실현된 타동 구문의 유형에 따라

두 가지 경우로 구분해서 'NP로' 논항의 변화 양상을 살펴보고자 한다.

첫 번째로 살펴볼 것은 15세기 국어에서 수혜 타동사로 분류되는 동사가 'NP이 NP로 NP를 V'의 논항구조를 취할 경우에 실현되는 'NP로' 논항이다. 이 구문은 수혜의 대상 명사구가 'NP로'로 실현되며, 수혜자가 'NP를'로 실현되어 수혜 타동 구문을 구성하는데 여기서 'NP로'가 대상의 기능을 가지고 실현된다. 이에 속하는 타동사로는 '주다, 맛디다' 등이 있다. 아래 (17)-(18)은 이들 타동사들이 실현된 예이다.

(17) ㄱ. 長者ㅣ 아돌돌홀 各各 ᄒᆞᆫ가짓 큰 술위를 <u>주니</u> <月釋 12:29b>

　　 ㄴ. 長者ㅣ 보비옛 큰 술위로 아돌돌홀 골오 <u>주니</u> 虛妄타 ᄒᆞ려 몯ᄒᆞ려

　　　　　　　　　　　　　　　　　　　　　　　　　<月釋 12:33a>

(18) ㄱ. 내 正法眼藏ᄋᆞ로 너를 ᄀᆞ마니 <u>맛디노니</u> 네 護持ᄒᆞ야 後에 뎐디ᄒᆞ라

　　　　　　　　　　　　　　　　　　　　　　　　　<釋詳 24:39a>

　　 ㄴ. 迦葉佛時예 나ᄅᆞᆯ 小珠塔ᄋᆞᆯ <u>맛디샤</u> 悉達이 城 나모ᄃᆞᆯ 기드려 받ᄌᆞᇦ라

　　　　(迦葉佛時 付我小珠塔 待悉達踰城) <月釋 25:50a>

예문 (17)은 '주다'가 실현된 예로 (17ㄱ)에서 수혜의 대상 명사구는 '술위로'가 실현되었고, 수혜자 논항으로 '아돌돌홀'이 실현되었다. 여기서 '술위로'는 (17ㄴ)의 예문에서는 '술위를'로 실현되어 이것의 대상으로서의 기능을 분명히 해 준다. 예문 (18)은 '맛디다'가 실현된 타동 구문으로 (18ㄱ)에서는 대상 명사구가 '正法眼藏ᄋᆞ로'로 실현되었다. '맛디다'의 대상 명사구는 'NP를'로도 실현되었는데, (18ㄴ)의 '小珠塔ᄋᆞᆯ'이 바로 이러한 사실을 말

해 주고 있다. 이상에서 살펴보았듯이 (17)-(18)의 구문은 모두 'NP이 NP 로(대상) NP를(수혜자) V'의 구문이 'NP이 NP를(대상) NP를(수혜자) V' 의 구문으로도 대체될 수 있었던 타동 구문이다. 이는 'NP로'가 타동 구문에 서 '대상'의 기능을 가지고 실현되었음을 분명히 말해 준다.

'NP이 NP로 NP를 V'의 구문으로 실현되었던 '맛디다'는 근대국어 문헌 에서는 용례가 나타나지 않으며 '주다'는 대상의 'NP로'가 실현된 예가 후대 에도 나타난다. 아래의 예 (19)는 근대국어에서 실현된 '주다'의 용례들이다.

(19) ㄱ. 먹 므텨 너를 붓을 <u>주니</u> <朴諺下 12a>

　　　 ㄴ. 누의롤 劉備의게 <u>주니</u> 소기려 ᄒ더니 진짓 것 되믈 싱각지 못ᄒ여
　　　　　　　　　　　　　　　　　　　　　　　　　　　　 <三譯 10:4a>

　　　 ㄷ. 하나님이 우리롤 영싱으로 <u>주시민</u> 이 싱명이 그 아달로 이ᄉ미니
　　　　　　　　　　　　　　　　　　　　　　　　　　　　 <요한 5:11>

(19ㄷ)은 '하느님이 우리에게 영생을 준다'는 의미로 실현된 것으로 여기 서 '영싱으로'는 '주다'의 '대상' 논항이다. 이 때의 'NP로' 논항은 근대국어 후기 문헌으로 갈수록 점차 실현되는 용례가 줄어들면서 용법이 사라지게 된다.

두 번째로 살펴볼 'NP로' 논항으로는 15세기 국어에서 전환 타동사 구문 을 형성하였던 '밧고다, 삼다' 등의 구문에서 실현되는 'NP로' 논항이다. 15 세기 국어에서 전환 타동사 구문은 'NP이 NP로 NP를 V'의 논항구조를 취하였는데 여기서 전환의 '대상' 명사구가 'NP로' 논항으로 실현되며 대상

명사구가 전환되어 나타난 '결과' 명사구가 'NP를'로 실현되었다.

예 (20)은 '삼다(>삼다, 爲), (21)은 '밧고다(>바꾸다, 易)'가 15세기 국어에서 실현된 예들이다.

(20) 사름 주기디 아니호ᄆᆞ로 根本을 <u>사마</u> 업더디ᄂᆞ닐 니ᄅᆞ와ᄃᆞ며

<內訓 2:87b>

(21) ㄱ. 變易은 菩薩이 悲願力을 브트샤 麤ᄒᆞᆫ 모믈 變ᄒᆞ야 細ᄒᆞᆫ 모미 ᄃᆞ외시며
　　　 뎌른 목수믈 <u>밧고아</u> 긴 목수미 ᄃᆞ외실 씨라 <般若 23b-24a>

　　 ㄴ. 諫官이 上言ᄒᆞᅀᆞ보ᄃᆡ 原桂 제 몸 혜디 아니ᄒᆞ고 ᄒᆞᆫ 모ᄆᆞ로 萬民의 命을
　　　 <u>밧고니</u> 벼슬 贈ᄒᆞ시고 祀堂 셰오 子孫 쓰샤 忠誠엣 넉슬 慰勞ᄒᆞ샤 後ㅅ
　　　 사ᄅᆞᄆᆞᆯ 勸ᄒᆞ쇼셔 ᄒᆞ야늘 그리ᄒᆞ라 ᄒᆞ시니라 <三綱忠 35>

예문 (20)은 '삼다'가 실현된 예로, '사람을 죽이지 않는 것을 근본으로 삼아'의 의미를 가진다. '사름 주기디 아니호ᄆᆞ로'가 '삼다'의 '대상' 논항이 되며 '根本을'이 '결과' 논항으로 실현되었다. 여기서 특징적인 사실은 '삼다'의 대상 논항이 'NP로' 논항으로 실현되었으며 결과 논항이 'NP를'로 실현되었다는 점이다. 현대국어에서는 대상이 'NP를', 결과가 'NP로' 논항으로 실현되었을 것이 15세기 국어에서는 논항의 실현이 반대로 나타나고 있다.

예문 (21ㄱ)은 '변역은(변역이라는 것은)…짧은 목숨을 바꾸어 긴 목숨이 되시는 것이다'의 의미로 '밧고다'가 대상의 'NP를' 논항만을 취한 구문이다. '뎌른 목수믈'이 대상 논항으로 실현되었다. 예 (21ㄴ)은 '머리와 꼬리를 서로 바꾸니'의 의미로 '밧고다'의 대상 논항이 'NP를'로 실현된 것은 (21ㄱ)

112

과 같으나 'NP를' 논항이 복수 명사로 실현되어 (21ㄱ)과는 다른 구문을 구성하였다. (21ㄷ)은 '간언하는 관리가 말하되 "원계가 제 몸을 헤아리지 않고 한 몸을 만인의 생명과 바꾸니 벼슬을 내리시고 사당을 세우고 자손들을 쓰시고 충성의 넋을 위로하시어 훗날 사람들이 본받도록 하소서" 하니 그리하라고 하신다'의 의미이다. 여기서 '밧고다'의 대상 논항은 '흔 모므로' 이다. 그리고 전환의 결과로 이루어지는 명사구는 '萬民의 命'이다. 이것이 결과 논항으로 실현되었다. (21ㄹ)은 '엎어져 있는 손과 미끈미끈한 망치를 칼과 바꾸지 않아도 잘 부리는 사람은 다 쉬우니'의 의미이다. 여기서도 '밧고다'의 대상 논항은 '어푼 손과 믯믜즌 망치로'가 된다. 그리고 전환의 결과 논항이 '갈홀'로 실현되었다. 이처럼 15세기 국어의 '밧고다'는 (21ㄱ)과 (21ㄴ)처럼 대상 논항이 'NP를'로 실현되기도 하고 (21ㄷ)과 (21ㄹ)에서처럼 'NP로'로 실현되기도 하였다.

이들 구문은 근대국어에 들어와 변하게 된다. '밧고다, 삼다' 구문에서 실현되는 대상의 'NP로'는 20세기 초기 문헌까지도 이어져 실현되나 근대국어 후기로 갈수록 'NP로' 대상 논항의 실현이 드물어진다. 그 대신 이들 구문에서 대상 명사구가 'NP를' 논항으로 실현된다. 그 결과 중기국어와는 달리 대상의 'NP를'과 결과의 'NP로' 논항이 실현됨으로써 현대국어의 '밧고다, 삼다' 구문의 모습을 보여 준다. (22)-(23)은 '삼다'가 실현된 예이며, (24)-(25)는 '밧고다'가 실현된 예들이다.

(22) ㄱ. 됴뎡이 능봉슈로 대군을 <u>삼고</u> <산성 21>

　　ㄴ. 쥬의 문왕과 무왕이 녀샹으로 스승을 <u>삼으시니</u> 유쟈를 슝샹ᄒ며

<祖訓 6b>

ㄷ. 어려셔브터 광야로 집을 <u>삼아</u> 그 육신을 고로이 ᄒ다가 <쥬년 62a>

ㄹ. 싸호기를 죠와ᄒ고 살인으로 락을 <u>삼아</u> <신학 2:273>

(23) ㄱ. 그른 법을 일을 <u>삼아</u> <因果曲 3a>

ㄴ. 여호와여 대개 쥬ᄂᆞᆫ 나의 피ᄒᄂᆞᆫ 곳이 되셧습ᄂᆞᆺ이다 네가 지극히 놉흐신

이를 너의 거홀 곳으로 <u>삼엇스매</u> 지앙이 네게 니르지 못ᄒ고 흑ᄉ병이

네 쟝막에 갓가이 못ᄒ리로다 <시편 91:9>

ㄷ. 예수ㅣ 뎌희들이 와셔 억지로 ᄌᄀᆡ를 님군으로 <u>삼으랴ᄂᆞᆫ</u> 줄을 아시고

다시 혼자 산으로 물너 <요 6:15>

(24) 잠간으로 영원을 밧고고 따흐로 하늘을 밧고고 썩음으로 견고홈을 <u>밧고니</u>

<성경 34a-b>

(25) ㄱ. 드듸여 선ᄒᄂᆞᆫ 법을 <u>밧고와</u> (遂易馬善法) <馬經上 45a>

ㄴ. 蔣幹이 니로되 내 명과 몸을 <u>밧고와</u> 밋부게 홈을 원ᄒ노라 <三譯 7:11a>

ㄷ. 사롬이 그 령혼을 무어스로 <u>밧고리오</u> <성경 53b>

예 (22ㄱ)-(22ㄹ)은 각각 17세기, 18세기, 19세기, 20세기 초기 국어에
서 '삼다'의 '대상' 명사구가 'NP로' 논항으로 실현된 예들이다. 예문 (22ㄱ)
의 '능봉슈로', (22ㄴ)의 '녀샹으로', (22ㄷ)의 '광야로', 그리고 (22ㄹ)의 '살
인으로'는 모두 '대상' 논항이 된다. 그리고 각각의 경우 '대군을, 스승을, 집
을, 락을'은 '결과' 논항이 되는 것이다. 예 (23)은 '삼다'의 대상 명사구가
'NP를' 논항으로 실현된 예들이다. 예 (23ㄱ)의 '법을', (23ㄴ)의 '지극히
놉흐신 이를', (23ㄷ)의 'ᄌᄀᆡ를'이 모두 '대상' 논항이다. 그리고 각각의 구

문에서 '결과' 논항이 (23ㄱ)은 '일을', (23ㄴ)은 '너의 거흘 곳으로', (23ㄷ)은 '님군으로'로 실현되었다. 이들 예를 통해서 '삼다' 구문이 현대국어와 같은 구문구조를 가지게 된 것은 근대국어 후기부터였음을 알 수 있다.

예문 (24)는 '밧고다'의 대상 논항이 'NP로' 논항으로 실현된 예로 '순간을 영원과 바꾸고 땅을 하늘과 바꾸고 썩음을 견고함으로 바꾸니'의 의미를 가진다. 여기서 '잠간으로, 따흐로, 썩음으로'가 '밧고다'의 대상 논항으로 실현되었으며, '영원을, 하늘을, 견고홈을'이 각각의 대상 논항에 대한 결과 논항으로 실현되었다. 예문 (25)는 '밧고다'의 대상 논항이 'NP를' 논항으로 실현된 예들이다. 예문 (25ㄱ)은 중기국어에서 실현된 (21ㄱ)의 'NP이 NP를 V'의 구문이 그대로 실현된 것이며 (25ㄴ)은 (21ㄴ)의 'NP이 NPpl를 서르 V'의 구문이 변화된 것이다. 그리고 근대국어에 들어와 생겨난 구문이 (25ㄷ)이다. (25ㄷ)은 '사람이 그 영혼을 무엇으로 바꾸리오'의 의미로 '밧고다'의 대상 논항이 '령혼을'이며, '무어스로'가 결과 논항으로 실현되었다. 이처럼 '밧고다'가 현대국어와 같은 'NP이 NP를 NP로 V'의 논항구조를 취하게 되는 것은 근대국어 후기 문헌에서 살펴볼 수 있다.

'-로' 논항명사구의 실현 양상은 '-에' 논항 명사구의 구문 변화에 비해 다양한 의미 변화 를 가지는데 의미 및 통사적 변화 양상이 훨씬 복잡하다. 그것은 '-로'가 '-에'에 비해 격조사의 기능이 훨씬 다양한 모습을 가지고 있었기 때문이라고 본다. 이는 다시 말해 '-로'가 한국어 서술어 구문에서 다양한 문형을 가지고 실현되었다는 것을 말하며, '-로'의 의미가 다양하게 실현되었다는 것은 이것으로 인해 한국어 문장이 더욱 복잡한 구문으로 실현되었다.

'-로' 논항 명사구는 '-에' 명사구에 비해 훨씬 그 변화하는 모습이 다양하여 구문의 변화가 있어 우리말 문장 형성에 기여하는 바가 크다.

3.2.2 의미 변화와 구문 변화

3.2.2.1. 의미 확장과 구문 변화

문장 내에 새로운 논항이 형성되는 데에는 두 가지 유형이 있다. 논항이 형성되면서 논항구조가 확장되어 타동사의 자릿수가 늘어나는 경우와, 새로운 논항이 생기기는 했으나 타동사의 자릿수에는 변화가 없는 경우이다. 예를 들면, 'NP이 NP를 V'의 논항구조를 실현시키던 타동사가 'NP이 NP로 NP에 V'의 확장된 논항구조를 가지게 되는 것이 전자의 예이고, 'NP이(행위주·) NP로(대상) NP에(방향) V'의 구문이 'NP이 NP를 NP에(수혜자) V'의 구문으로 변하게 되는 경우가 후자의 예이다.

가. 'NP에' 논항의 형성

'NP에' 논항이 형성되는 경우는 그 결과에 따라 네 가지 유형으로 구분된다. 첫째, 15세기 국어의 'NP이 NP를 V'의 타동 구문에서 'NP에' 논항이 형성됨으로써 'NP이 NP를 NP에 V'의 확장된 논항구조가 형성되는 경우이다. 둘째, 'NP이 NP를 NP를 V'의 타동 구문에서 두 번째 'NP를'이 'NP에' 논항으로 실현되는 경우이다. 이 경우 동사의 자릿수에는 변화가 없다.

셋째, 'NP이 NP를 V'의 타동 구문에서 'NP를' 논항의 의미역이 'NP에'로
도 실현되게 되는 경우이다. 이것은 단순히 새로운 의미역의 논항이 형성된
다는 것 이상의 의미를 가진다. 즉 'NP에' 논항이 형성되면서 'NP이 NP에
V'의 논항구조를 가지게 되는 것이므로 타동사가 자동적 용법을 획득하는
것이 된다. 따라서 타동사가 자·타 겸용 동사의 용법을 가지게 된다. 넷째,
'NP이 NP를 V'의 타동 구문에서 'NP에' 논항이 형성되면서 'NP를' 논항
이 사라지는 경우이다. 이러한 변화로 인해 타동사가 자동사로 바뀌게 된다.

'NP에' 논항이 형성되는 경우에 실현되는 의미역으로는 '장소, 방향, 지향
점, 자격, 결과, 대상, 기준, 행 위주, 수혜자, 피사역주' 등이 있다. 이 가운데
'장소, 방향, 자격, 결과, 기준, 행 위주, 피사역주' 논항이 형성되는 것은 첫
번째 유형에 속하고, '수혜자' 논항이 형성되는 경우는 두 번째 유형에 속하
며, '대상' 논항의 형성은 세 번째 유형에 속한다. '지향점' 논항의 형성은
동사에 따라 세 번째 유형에 속하는 것도 있고 네 번째 유형에 속하는 것도
있다. 이 중에서 특히 수혜자, 피사역주의 논항이 'NP를'로 실현되던 것이
후대에 'NP에' 논항을 취하게 되는 경우는 'NP에'의 기능이 후대로 올수록
다양한 환경에서 실현됨에 따라 기능이 분화되어 가는 모습을 보여 주는
것으로도 이해할 수 있겠다.

'-에' 논항 명사구는 '-로' 논항 명사구의 실현에 비해 변화 양상이 많지
않다. 따라서 '-로' 논항보다 '-에' 논항이 변화의 양상이 다양하지 않다.
아래에 사례를 들고, 그것의 의미에 대해 논의하기로 한다.

1). '방향'의 'NP에' 논항이 형성되는 경우

'묶다'는 근대국어 후기 문헌에서 'NP이 NP를 NP에 V'의 확장된 타동 구문을 형성하게 되는데 아래의 예가 이에 해당한다.

(26) ㄱ. 병장기를 그 쌀의 묶고 기름의 즘가 글을 쇼리예 <u>묶거</u> 그 긋틱 불지르고
　　　　　　　　　　　　　　　　　　　　　　　　　　　　　　<史略 2:29b>

　　ㄴ. 요안너는 약뒤 털옷슬 닙고 가족쯰룰 허리에 <u>묶고</u> 늣벌기과 쳥밀을 먹으
　　　니 <마태 3:4>

예 (26ㄱ)은 18세기 국어의 실현 용례로 '병장기를 그 뿔에 묶고…그 끝에 불지르고'의 의미를 가진다. '묶다'의 대상 논항이 '병장기를'로 실현되었으며 장소 논항이 '그 쌀의'로 'NP에' 논항으로 실현되었다. 예 (26ㄴ)은 19세기 국어의 용례로 '…가죽띠를 허리에 묶고…'의 의미로 대상과 방향 논항이 각각 '가족쯰룰'과 '허리에'로 실현되었다.

예 (27)은 '그스다(>끌다, 拖)', (27')는 '수기다(>숙이다, 低)'가 실현된 예로 이들은 15세기 국어에서 'NP이 NP를 V'의 논항구조를 가지고 실현되었다.

(27) 玉 을 <u>그스며</u> 金을 허리예 씌여 님그믈 갑습는 모미로다 (拖玉腰金報主身)
　　　　　　　　　　　　　　　　　　　　　　　　　　　　　　<杜詩 23:10a>

(27') 獄卒이 그 말 듣고 머리롤 <u>수겨</u> <月釋 23:82b>

예 (27)은 '옥을 끌고 금을 허리에 띠고…'의 의미로 '그스다'의 대상 논
항으로 '玉올'이 실현되었다. (27')는 '옥졸(옥사쟁이)이 그 말을 듣고 머리
를 숙여'의 의미로 여기서 '수기다'는 '앞으로나 한쪽으로 기울어지다'의 의
미를 가진다. 이들이 방향의 'NP에' 논항을 취하는 용례는 근대국어 문헌
에서 살펴볼 수 있다. 아래 예들이 각각 이러한 논항구조를 가지고 실현된
용례들이다.

(28) ㄱ. 김 바로 여광 본디 연기 노발틔 힝셰ᄒᄂ 구교집 아들이라 공쥬 먹방리로
　　　이ᄉᄒ엿다가 경포의게 그 아들과 흔가지로 잡혀 셔울노 와 치명홀 제
　　　이에 부ᄌ롤 륙시ᄒ야 그 ᄉ지롤 각 도 각 읍에 돌니니 나흔 륙십이세러라
　　　　　　　　　　　　　　　　　　　　　　　　　　　　　　　　　　<치명 37a>

　　ㄴ. 네 맛당히 영화롤 하나님게 돌니라 <요한 9:24>

예문 (28ㄱ)은 '김 바오로 여광…그 아들과 함께 잡혀…이에 부자를 육
시(戮屍)하여 그 사지를 각 도 각 읍에 돌리니 나이는 육십이세이더라'의
의미로 '그 ᄉ지롤'이 '돌니다'의 대상 논항이 되며 '각 도 각 읍에'가 방향
논항으로 실현되었다. (28ㄱ)의 'NP에'는 그것이 사람일 경우 'NP의게'로
나타나기도 한다. 예 (28ㄴ)이 이에 해당한다. (28ㄴ)은 '네가 마땅히 영화
를 하느님께 돌려라'의 의미로 '영화롤'과 '하나님게'가 각각 대상과 방향 논
항으로 실현되었다.

단, 방향의 'NP에' 논항으로 실현되는 명사구의 의미는 어느 정도 의미범
주가 결정된다. 예를 들면 '장소' 명사나 '시간' 명사, 방향이나 방위를 나타

내는 척도 명사 등이 그러하다. 위의 사례에서 역시 인간의 신체를 하나의 존재의 범주 안에서 이해하였을 때, '허리'나 '꼬리' 등의 신체 부위 역시 존재의 범위 안에 속하는 장소 명사로 이해될 수 있으므로 의미범주로 이해 하기보다 문법범주로 실현되었을 경우를 염두에 두었을 때다. 따라서 '방향' 의 의미범주 안에 실현되는 'NP에' 논항의 의미 기능들의 복합성은 이런 측면에서 이해될 수 있다.

방향의 'NP에' 논항이 형성되는 두 번째 유형은 방향의 'NP에' 논항만 형성되는 경우이다. '비취다, 드러내다'가 이에 속한다.

(29) 趙州 古佛ㅅ 눉 光明이 四天下를 비취ᄂ다 ᄒᄂ니 (趙州古佛ㅅ 眼光이 爍破四天下ㅣ라 ᄒᄂ니) <蒙山 53b>

사례 (29)는 '조주(趙州) 고불(古佛)의 눈빛이 온 세계를 비춘다 하니'의 의미이다. 여기서 '四天下를'이 '비취다'의 대상 논항으로 실현되었다. 이들 구문에서 방향의 'NP에' 논항이 실현된 예는 근대국어 문헌에서 살펴볼 수 있다. 예 (30)는 '비취다', (31)은 '드러내다'가 각각 근대국어에서 실현된 예들이다.

(30) 히를 선인과 악인의게도 다 빗최게 ᄒ시며 <막 5:45>
(31) 한 사름이 그 주검을 져지의 드러내고 갑 주고 무로되 <史略 2:78b>

사례 (30)은 '해를 선인과 악인에게 다 비추게 하시며'의 의미로 '히를'이

'빗최다'의 대상 논항이 되며, '션인과 악인의게도'가 방향 논항으로 실현되었다.

2). '장소'의 'NP에' 논항이 형성되는 경우

'장소'의 의미역은 대상이 위치해 있거나 발생하는 곳, 혹은 행위가 일어나는 장소를 나타내는 명사구이다. 여기서는 'NP에' 논항으로 실현되는 장소 논항이 형성되는 경우를 다루고자 한다. 15세기 국어에서 장소 논항을 가지지 않다가 후대에 장소 논항이 형성되면서 'NP이 NP를(대상) NP에 (장소) V'의 구조를 가지게 되는 경우가 있다. '뭭다(>묶다, 束)' 등이 이에 속한다.

(32) 鞿은 가츠로 物을 <u>뭇글</u> 씨오 <楞嚴 10:70b>

예 (32)는 '鞿은 가죽으로 물건을 묶는 것이고'의 의미로 '가츠로'가 '뭭다'의 도구 논항이 되며 '物을'이 대상 논항으로 실현되었다. 이와 같이 15세기 국어의 '뭭다' 구문에서는 장소가 논항으로 실현되지 않았다.

'뭭다'는 근대국어 후기 문헌에서 'NP이 NP를 NP에 V'의 확장된 타동 구문을 형성하게 되는데 아래의 예가 이에 해당한다.

(33) ㄱ. 병장기를 그 쇌의 묵고 기름의 즘가 글을 쇠리예 <u>뭇거</u> 그 굿틱 불지르고
<史略 2:29b>

ㄴ. 요안닉는 약대 털옷슬 닙고 가족쯰를 허리에 묵고 늣벌기과 쳥밀을 먹으

니 <마태 3:4>

예 (33ㄱ)은 18세기 국어의 실현 용례로 '병장기를 그 뿔에 묶고…그 끝
에 불 지르고'의 의미를 가진다. '묶다'의 대상 논항이 '병장기를'로 실현되었
으며 장소 논항이 '그 쓸의'로 'NP에' 논항으로 실현되었다. 예 (33ㄴ)은
19세기 국어의 용례로 '…가죽띠를 허리에 묶고…'의 의미로 대상과 장소
논항이 각각 '가족쯰를'과 '허리에'로 실현되었다.

다). '결과'의 'NP에' 논항이 형성되는 경우

타동사 구문에서 '결과'의 'NP에' 논항이 형성되는 경우는 대체로 결과의
'NP로' 논항도 형성된다. 이에 속하는 것으로 '홍졍ᄒ다(>홍정하다, 商)'가
있다. 이는 15세기 국어에서 'NP이 NP를 V', 'NP이 NP로 NP를 V'의
논항구조를 취하였다.

(34) ㄱ. 그 노릇노리를 홍졍ᄒ야 프로믈 ᄒ신대 <內訓 3:13a>

ㄴ. 羅卜ㅣ 一千貫ㅅ 도ᄂ로 三年을 홍졍ᄒ야 三千貫이 도외어늘

<月釋 23:73b>

예 (34ㄱ)은 '그 노름을 홍정해서 장사를 하시니'의 의미로 '노릇노리를'
이 '홍졍ᄒ다'의 대상 논항으로 실현되었다. 예 (34ㄴ)은 '나복이 돈 천관으

로 삼 년을 흥정하여 삼천관이 되거늘'의 의미이다. 여기서 '一千貫ㅅ 도ᄂ 로'는 흥정할 때 사용되는 도구로서 실현된 것이고 흥정의 대상이 되는 것이 '삼 년을'로 실현되었다. 흥정의 '결과'가 논항으로 실현되지는 않은 것이다.

'흥졍ᄒ다'가 구문에서 결과 논항을 취하는 것은 근대국어 후기 문헌에서 보인다. 아래의 예 (35)가 이에 해당하는데, 여기서 '결과' 논항은 'NP에' 명사구로 실현되었다.

(35) 박동 리희경이가 원동 젼윤긔 신젼에 신 닐곱 켠네를 이빅ᄉ십구 냥에 <u>흥졍 ᄒ여</u> 거긔 샥군으로 지어 가지고 가다가 <독립 1896.6.6.>

예문 (35)는 '박명동(에 사는) 리희경이 원리동(에 사는) 전윤기 신발 가 게에서 신 일곱 켤레를 이백사십구 냥에 흥정하여 (사고) 거기에 있는…'의 의미이다. '신 닐곱 켠네를'이 '흥정ᄒ다'의 대상 논항이 되며 '이빅ᄉ십구 냥에'가 흥정에 대한 결과 논항으로 실현되었다.

'-에' 논항 명사구는 '-로' 논항 명사구의 변화만큼 많은 변화를 겪었다. 그런데 '-에'논항의 변화 양상은 '-로' 만큼 다양한 양상을 보이지는 않는다. 그래서 예측하지 못하는 변화의 모습은 없다. 단, 여기서 예를 드는 것은 위의 '-에' 구문이 기원적으로 우리말 동사 구문의 연원이 되는 구문의 유형 이며, 이 유형의 문장 틀 구조가 현대국어에까지 영향을 미쳐 '-를' 목적어 구문과 연관을 가지기 때문에 다시 한 번 더 사례를 들어 그 중요성을 내보 이는 것이다.

또한, 이 구문의 변화 유형이 가지는 중요한 의미는 '-에' 논항 명사구의 실현보다 '-로' 논항 명사구의 실현이 더 다양한 의미 기능을 가지게 된 이유일는지 모른다. 아래에 '-로' 논항 명사구가 일부 통사 환경에서 다양한 의미 기능을 가지게 되는데, 그 실례를 보면 아래와 같다.

나. 'NP로' 논항의 형성

'NP로' 논항이 형성되는 경우는 그 결과에 따라 세 가지 유형으로 분류할 수 있다. 첫째, 'NP이 NP를 V'의 'NP로' 논항이 형성됨으로써 'NP이 NP를 NP로 V'의 확장된 논항구조가 형성되는 경우이다. 둘째, 'NP이 NP를 V'의 타동 구문에서 'NP를' 논항의 의미역이 'NP로'로도 실현되게 되는 경우이다. 두 번째 유형은 새로운 의미역의 논항이 형성된다는 것 이상의 의미를 가진다. 즉 'NP로' 논항이 형성되면서 'NP이 NP로 V'의 논항구조를 가지게 되는 것이므로 타동사가 자동적 용법을 획득하는 것이 된다. 결국 타동사가 자·타 겸용 동사의 용법을 가지게 된다.

새로 생겨나는 'NP로'의 의미역으로는 '방향, 결과' 등이 있는데 '방향, 결과' 등 대부분의 의미역은 모두 첫 번째 유형에 속한다. 따라서 타동사 구문은 후기 문헌에서 자격의 'NP로' 논항이 형성됨에 따라 대개 타동사 구문의 논항 형성이 이루어진다고 하겠다.

1). '방향'의 'NP로' 논항이 형성되는 경우

'방향'의 'NP로' 논항이 형성되는 경우에는 두 가지 유형이 있다. 구문에

서 방향의 논항을 가지지 못하다가 후대에 이를 가지게 되는 경우가 첫 번째
이고, 방향의 'NP에' 논항이 구문에서 먼저 실현되다가 후대에 방향의 'NP
로' 논항이 생기게 되는 경우가 두 번째이다.

첫째, 중기 국어에서는 방향의 논항을 가지지 못하다가 후대에 취하게 되
는 경우는 구문에서 방향의 논항이 형성되면서 동사의 자릿수가 늘어나게
되는 변화를 겪게 된다. 이에 속하는 동사로는 '그스다, 도른혀다, 돌이다,
밀다' 등이 있다.

예 (36)은 '도른혀다(回)', (36')는 '밀다(>밀다, 推)'가 중기 국어에서 실
현된 용례이다. 예를 통해 알 수 있듯이 이들은 모두 'NP이 NP를 V'의
논항구조를 가진 타동사로 실현되었다.

(36) 흔 암사스미 와 옷 섄론 므를 먹고 모글 <u>도른혀</u> 오좀 누는 싸홀 할ᄒ니
<釋詳 11:25a>

(36') 녯 사르미 닐오딕 ᄆᆞᆷ 뮈우미 넙고 클시 布ㅣ오 내 모맷 거슬 <u>미러</u> 놈
주미 施라 ᄒ니라 <南明上 61a>

예 (36)의 의미는 '한 암사슴이 와서 옷 빤 물을 먹고 목을 돌려 오줌
누는 땅을 핥으니'라는 뜻이다. 여기서 '모글'은 '도른혀다'의 목적어 논항으
로 실현되었다. 예 (36')는 '옛 사람이 이르되…내 몸에 있는 것을 미루어
남 주는 것이 施라고 한다'의 의미이며 여기서의 '밀다'는 '비추어 헤아리다'
의 의미이다.

이들 동사들은 근대국어 후기 문헌으로 가면서 'NP이 NP를 NP로 V'의

확장된 구문을 가지게 되는데 아래 예가 이를 보여 준다.

(37) 머리룰 왼녁흐로 <u>도로혀며</u> (頭於左顧ᄒ며) <馬經下 57b>

(37') 내힐 사룸이 ᄀ만ᄀ만 아기를 우흐로 <u>밀고</u> (生者輕輕推兒近上)

<胎産 25a>

예 (37)은 '머리를 왼쪽으로 돌아보며'의 의미로 대상과 동작이 이루어지는 방향이 각각 '머리룰'과 '왼녁흐로'로 실현되었다. 예 (37')는 '다음날 아기 받는 사람이 가만가만히 아기를 위로 밀어 올리고'의 의미로 여기서의 '밀다'는 '아래에서부터 위로 끌어내다'라는 '밀다'의 원래적 의미가 실현되었다. 이 때 '밀다'의 대상이 '아기를'이 되며 '우흐로'가 방향 논항으로 실현되었다.

방향의 'NP로' 논항이 형성되는 두 번째 유형으로 15세기 국어에서 이미 방향의 'NP에' 논항이 실현되고 후대에 방향의 'NP로' 논항이 형성되는 경우가 있다. '기우리다, ᄃ려가다' 등이 이에 속한다.

'기우리다(>기울이다, 傾), ᄃ려가다(>데려가다, 領)'는 15세기 국어에서 'NP이 NP를 NP에 V'의 논항구조를 가지고 실현되었다. 아래 예들이 이를 보여 준다. 예 (38)은 '기우리다'가 실현된 예이고, (39)는 'ᄃ려가다'가 실현된 예이다.

(38) 하ᄂᆞᆯ콰 짜쾃 ᄉᆞᅀᅵ예 모ᄆᆞᆯ <u>기우려</u> 쏘 녯 이ᄅᆞᆯ ᄉᆞ랑ᄒ고 (側身天地更懷古)

<杜詩 21:5b>

(39) 難陁ㅣ 두리여 자바 녀흘까 ᄒᆞ야 닐오ᄃᆡ 南無佛陁 하나를 閻浮提예 도로

ᄃᆞ려가쇼셔 <月釋 7:13b-14a>

예 (38)은 '하늘과 땅 사이에 몸을 기울여 또 옛 일을 생각하고'의 의미이
다. '모믈'이 대상 논항이 되며, '하ᄂᆞᆯ콰 ᄯᅡᄒᆞᆺ ᄉᆞᅀᅵ예'가 방향 논항이 된다.
예 (39)는 '난타가…이르되 "나무불타(南無佛陁) 하나를 염부제에 도로 데려
가소서"'의 의미로 '南無佛陁 하나를'이 대상 논항으로, '閻浮提예'가 방향 논
항으로 실현되었다. 이들은 근대국어에 들어오게 되면 방향의 'NP에' 논항
뿐만 아니라 방향의 'NP로' 논항을 구문에서 가지게 된다. 곧 'NP이 NP를
NP로'의 논항구조를 취하게 된다. 예 (40)은 '기울이다'가, (41)은 'ᄃᆞ려가
다'가 근대국어에서 실현된 예이다.

(40) 물건을 ᄆᆡᄆᆡ홀 ᄉᆡ 남을 달아 줄 제ᄂᆞᆫ 슈은을 물건 노흔 편으로 기우리고

<感應 3:46b>

(41) 국왕이 츌셩흔 후의야 다시 궐ᄂᆡ의 들게 ᄒᆞ고 셰ᄌᆞ와 대군만 북녁흐로 ᄃᆞ려

가리니 <산셩 108>

예 (40)은 '물건을 사고 팔매…수은을 물건 놓은 편으로 기울이고'의 의미
로 '슈은을'이 '기울이다'의 대상 논항이며, '물건 노흔 편으로'가 방향 논항으
로 실현되었다. 예 (41)은 '…세자와 대군만 북쪽으로 데려가니'의 의미로
'셰ᄌᆞ와 대군만'이 대상 논항이 되며 '북녁흐로'가 방향 논항으로 실현되었
다. 'ᄃᆞ려가다'는 근대국어 초기 문헌에서 방향의 'NP로' 논항이 실현된 용

례를 보이는 반면, '기우리다'는 근대국어 후기 문헌에 가서야 그러한 용례가 보인다.

특히, 중기 국어에서 이동 타동사로 분류되는 동사 가운데 일부가 근대 후기 문헌으로 갈수록 방향의 'NP로' 논항을 가지게 되는 경우가 있다. 'NP이 NP를 V'의 논항구조를 취했던 타동사가 'NP이 NP로 V'의 구문을 형성함으로써 논항구조가 증가하게 된 것인데, 결과적으로 자·타 겸용 동사의 용법을 가지게 된다. 방향의 'NP로' 논항이 형성되는 경우는 이것이 낙착점의 'NP에' 논항이 함께 실현되는 경우이다. 이에 속하는 예로는 'ᄎ자가다'가 있다.

'ᄎ자가다(>찾아가다, 尋)'는 15세기 국어에서 'NP이 NP를 V'의 타동 구문을 형성하였다. 예 (42)가 이에 해당한다.

(42) 져믄 아히 믌 출흘 <u>ᄎ자가니</u> ᄒ올로 듣디 몯ᄒ리로다 (稚子尋源獨不聞)
<杜詩 25:16a>

예 (42)는 '어린 아이가 물의 근원(뿌리)을 찾아가니 홀로 듣지 못할 것이다'의 의미이다. '져믄 아히'가 행 위주· 논항이며, '믌 출흘'이 'ᄎ자가다'의 방향 논항으로 실현된 것으로, 이러한 'ᄎ자가다' 구문은 16세기 국어에서 'NP이 NP로 V'의 논항구조를 가지게 된다.

(43) 스스로 능히 우후로 <u>ᄎ자가</u> 쉬운 일브터 빅화셔 <飜小 8:5b>

(43)은 '스스로 능히 위로 찾아가 쉬운 일부터 배워서'의 의미로 '우후로' 가 지향점 논항으로 실현되었다.

2). '결과'의 'NP로' 논항이 형성되는 경우

결과의 'NP로' 논항이 형성되는 경우는 세 가지이다.

첫째, 15세기 국어 타동사 구문에서 실현되었던 '결과'의 'NP에' 논항이 후대에 'NP로' 논항으로도 실현되는 경우이다. 즉 'NP이 NP를 NP에 V'의 논항구조만 취하던 타동사가 'NP이 NP를 NP로 V'의 논항구조도 함께 가지게 되는 것이다. 이로 인해 타동사의 논항구조가 증가하게 되는데 '느호다' 등이 이에 속한다.

둘째, 15세기 국어 타동 구문에서 '결과' 논항을 가지지 않다가 후대에 '결과'의 논항이 생기면서 'NP로' 논항을 취하게 되는 경우로 'NP이 NP를 V'의 구문이 'NP이 NP를 NP로 V'의 구문으로 실현된다. 이러한 변화로 인해 타동사는 논항구조가 증가할 뿐만 아니라 확장된 논항구조를 가지게 된다. '듣다, 믿다, 일쿹다'가 대표적인 예이다. 이들은 결과의 'NP로' 논항이 형성되면서 결과의 'S-고' 논항이 함께 형성된다.

셋째, 15세기 국어의 'NP이 NP를 V' 구문이 후대에 'NP이 NP를 NP로 V'의 확장된 논항구조를 가지는 것으로, 두 번째 유형과 달리 결과의 'NP로' 논항만 형성되는 경우이다. '밍돌다'가 이에 속한다.

첫 번째 유형에 속하는 '느호다(>나누다, 分)'는 15세기 국어에서 'NP이 NP를 NP에 V'의 논항구조를 가지고 실현되었다. 아래 예가 이에 해당된다.

(44) 이제 이 經을 科判호딕 二十八品을 세헤 <u>논호노니</u> 처서믄 序分 一品이오

둘흔 正宗分 十九品이오 세흔 流通分 八品이라 <法華 1:15b>

예문 (44)는 '…二十八品을 셋으로 나누니 첫째는 序分 一品이고 둘째는 正宗分 十九品이고 셋째는 流通分 八品이다'의 의미로 '二十八品을'은 '논호다'의 목적 논항이며 '세헤'가 결과 논항으로 실현되었다.

이러한 '논호다' 구문은 근대국어에 들어와 결과의 'NP로' 논항을 가지게 된다. 예 (45)가 이에 해당한다.

(45) 그 여듧째는 글온 관셔 뿔 환ᄌ 준 즁에 대미를 쇼미로 <u>논화</u> 주고

<京畿民綸音 3a>

예문 (45)는 '…쌀을 좁쌀로 나누어 주고'의 의미로 '대미를'이 대상 논항이며 '쇼미로'가 결과 논항으로 실현되었다.

두 번째 유형은 15세기 국어 타동 구문에서 '결과' 논항을 가지지 않다가 후대에 '결과' 논항이 생기면서 'NP로' 논항을 취하게 되는 경우로 '듣다(> 듣다, 聞), 믿다(>믿다, 信), 일클다(>일컫다, 稱)' 등이 이에 속한다. 예 (46)은 '듣다', (47)은 '믿다', (48)은 '일클다'가 중기 국어에서 실현된 예를 든 것이다.

(46) ㄱ. 내 아래브터 부텃긔 이런 마를 몯 <u>듣ᄌᄫ며</u> <釋詳 13:42b>

(47) ㄱ. 羅卜이…盟誓를 <u>미더</u> 듣더니 <月釋 23:66b>

130

ㄴ. 내 이 사ᄅ미 ᄆᄎ내 能히 그르디 몯호믈 <u>믿노이다</u> (我信是人이 終不能
解ᄒ노이다) <楞嚴 5:2a>

예문 (46)은 '내가 예전부터 부처께 이런 말을 못 들었으며'의 의미로 '듣
다'가 'NP이 NP를 NP에 V'의 논항구조를 가지고 실현된 경우이다. 예문
(47)의 '믿다'는 중기 국어에서 대체로 'NP이 NP를 V'의 구문을 형성하였
다. (47ㄱ)에서 실현된 주어를 살펴보면, (47ㄱ)은 '羅卜이', (47ㄴ)은 '내'가
각각 실현되었다. 주어로 실현되는 'NP이'는 사유의 주체가 되는 명사구로
서 경험주의 의미역을 가진다. 그리고 목적어인 'NP를'은 '믿다'의 '사유 대
상'이다. 예문 (47ㄱ)은 믿음의 대상이 '盟誓를'로 일반 명사가 실현되었다.
예문 (47ㄴ)은 '이 사ᄅ미 ᄆᄎ내 能히 그르디 몯호믈'이라는 동명사 구성
이, 각각 믿음의 구체적인 목적어 논항으로 실현되었다.

(48) 妾은 命을 <u>듣ᄌᆸ디</u> 못ᄒ리로소이다 <御內 2:24b>
(49) 뎌를 영ᄉᆞᆼ으로 <u>밋ᄂ</u> 쟈의게 모양을 삼우시미니 <디모데 1:16>

예 (48)은 '듣다'가 인지 구문을 형성하면서 'NP를' 논항 명사구를 가지
게 된 것으로 근대국어 후기부터 실현된 것으로 보인다. 예문 (49)는 '믿다'
가 실현된 예로 이는 19세기 국어에 들어오면서 'NP이 NP를 NP로 V'
구문을 형성하게 된다. 여기서 '뎌를'은 믿는 대상이 되고, 'NP로'인 '영ᄉᆞᆼ으
로'는 대상에 대한 믿음의 결과 논항이 실현된 것이다. 즉, '-를' 명사구에
대해 화자나 주어가 대상에 대해 어떻게 인지하는지가 '-로' 명사구를 통해

나타난 것이다. 이러한 '믿다' 구문은 19세기 국어에 드물게 나타나다가 현대국어에 들어오면서 생산적으로 실현되었다.

초판에서는 '-로' 논항 명사의 의미가 여기서 제시된 것보다 더 다양한 의미 기능을 가지고 실현되었다고 했는데, 이후의 연구 논의를 진행함에 따라 다음과 같은 결론을 얻을 수 있었다. 먼저, '-로' 명사구는 '-에' 명사구보다 논항의 의미 영역이 폭넓고 다양한 문장 형성에 기여한다. 또, '-에' 명사구는 '-로' 명사구의 의미 영역 밖에 있으며, '-에'의 논항보다 '-로'의 논항의 의미가 더 많은 의미 확장에 기여한다.

3.2.2.2. 의미 축소와 구문 변화

타동사 구문에서 동사의 의미가 축소되면서 'S' 논항이 소멸하는 경우는 드물게 나타난다. '브리다(>부리다, 役), 스랑ᄒ다(>사랑하다, 思)' 등이 이에 속한다. 예 (50)은 '브리다', 예 (51)은 '스랑ᄒ다'가 중기국어에서 실현된 예이다.

(50) ㄱ. 王이 左右梵志를 브리샤 <釋詳 3:11a>

　　 ㄴ. 勝熱婆羅門을 王宮에 브리샤 錫杖을 후느더시니 <月釋 8:77b>

　　 ㄷ. 世尊이 文殊를 어마님끠 브리샤 請ᄒ야시늘 文殊ㅣ 摩耶夫人끠 가 슬
　　　　 ᄫᅵ신대 <釋詳 11:2a>

　　 ㄹ. 아바님 그리샤 梵志優陁耶를 슬ᄫᅡ라 브리시니 <月曲 41a>

　　 ㄹ'.나라히 관ᄉ 청ᄒ라 브려늘 <續三忠 3a>

(51) 먼 드르흘 咫尺만 흔가 스랑ᄒ노라 (曠野懷咫尺) <杜詩 7:23b>

예 (50ㄱ)은 사역주 '王이'와 피사역주 '左右梵志를'만이 논항으로 실현된 예이다. 시킴의 내용이 되는 대상은 'NP에' 혹은 'S' 논항으로 실현되었다. 예 (50ㄱ)과 (50ㄴ)은 'NP에' 논항으로 실현되었으며 (50ㄹ)과 (50ㄹ') 는 'S' 논항으로 실현되었다. 이 가운데 (50ㄹ)과 (50ㄹ')의 '브리다' 구문은 근대국어 문헌에서는 살펴보기 힘들다. 예 (51)은 '먼 들(판)을 지척에 있는 가 생각한다'의 의미로 '스랑ᄒ다'가 '생각하다'의 의미를 가지게 된다. 'S' 논항을 이 장에서 다루는 것은 이 논항의 축출로 인해 타동사 구문의 변화에 상당한 영향을 끼치며, 이 역시 타동 구문 안에 이루어지는 'NP로' 논항 형성에 큰 영향을 끼치므로 이 장에서 다룬 것이다.

'S' 논항의 축출로 인해 타동 구문에서 실현되는 피인용구절의 내포문 안의 문장은 타동 구문에서 사라지게 되며 그 대신 '-로' 인용의 조사가 형성되면서 근대 후기부터 '-로' 논항으로 문장이 안은절로 실현되는 것은 이루어지지 않게 된 것이다. 따라서 안긴 문장 안의 '-로' 논항 명사는 '-로'에 비해 의미 영역이 넓고, '-로' 논항 명사의 의미는 안은 문장에서 중기국어 이후부터는 실현되지 않는 경향이 많아서, 근대 후기부터 이 현상은 일어나지 않게 되고 즉, 안긴 문장 안의 안은문장으로 실현되는 'S' 논항이 근대 후기 인용 조사가 발달하면서 더 이상 안긴 문장의 논항으로 실현되지 않게 된다.

근대 후기부터 시작하는 인용조사의 발달은 근대 문헌 자료에서 타동 구문의 논항 실현에 많은 영향을 끼치게 되는데, 그 중의 하나가 'S' 논항의 실현을 타동 구문에서 실현되는 것을 막아 타동사 논항 실현에 의미 영역을 좁혀 가다가 자동사의 실현 및 타동사의 실현 양상에 중대한 영향을 끼쳐 결론적으로 타동 구문의 논항 수를 줄이는 결과를 낳게 된다.

우리말 문장 형성의 중요한 요인은 타동 구문의 '-로' 논항의 형성 및 소멸, '-에' 논항의 형성과 소멸, 일부 자동 구문의 '-이' 논항, '-와' 논항의 실현 및 소멸, 그리고 일부 타동 구문에서 문장이 논항으로 실현되는 경우의 논항 소멸 등이 주된 원인으로 작용한다.

그런데, 이 가운데 타동 구문에 가장 큰 변화를 일으킨 논항의 변수는 '-에' 논항과 '-로' 논항의 실현 여부로, 이 논항들의 실현 양상으로 인해 타동 구문의 변화 요인 및 우리말 문장 형성의 중요한 변화 요인으로 작용했고 이로 말미암아 자동 구문과 타동 구문에 구문 변화를 일으키는 데 중요한 원인으로 작용했다. 의미 변화와는 달리 구문변화의 작용 역은 훨씬 넓고, 이것은 기원적으로 우리말의 기원 및 연원이 알타이어 제어와는 달리 만주 퉁구스제어 안의 에벤키어와 깊은 관련이 있음을 말해주는 것으로 이해 대한 자세한 논의는 다음 2부에서 논의하기로 한다.

만약, 우리말의 문장이 고대 때부터 중기국어까지 많은 변화를 겪지 않았다고 본다고 하더라도, 가장 큰 변화 중의 하나는 '-로' 동사 구문의 변천사를 통해 볼 때 막대한 변화가 있었음을 추정할 수 있다. 이러한 추론을 가능하게 하는 것 중의 가장 큰 원인은 '-로' 격조사의 기능 변화로 인해 '-로' 명사구의 의미 영역이 다섯 개의 영역으로 넓게 분포하며 실현되었다는 점이다.

따라서 만약 에벤키어와 같은 부류의 언어에서 보이는 문장 속의 논항 실현 양상 및 구문 변화사를 본 논의와 연관시켜 염두하면, 문장이란 구절의

절 개념보다는 구개념에 더 가까우며, 에벤키어와 같은 종류의 언어들 사이의 공통점으로 알려진 격조사가 실질형태소 체언 부류에 결합한다는 사실을 통해 보면, 우리말의 기원을 확고하게 알타이제어 4어파들과 관련시키는 논의는 부적합한 면이 있다고 본다.

우리말의 동사 구문은 한국어의 기원과 계통적으로 합일되는 점이 없는 부분이 있다. 위에서 논의한 바처럼 글말의 기원은 알타이제어 4어파의 한 계통인 것으로 보인다. 이는 이미 이기문(1971)이나 람스테트의 논의에서 논증된 것처럼 음운, 형태상의 대응을 보면 그러하다. 그러나 입말의 연원을 보면 알타이어의 한 종을 보기에 문제가 있는 것이 우리말의 동사 구문의 변천사를 통해 확인된다.

동사 구문 가운에서도 '-로' 동사 구문의 변천 사 안에서 살펴볼 수 있는 우리말 기원의 시작은 문장의 형성이 격조사와 함께 실현된다는 것과 격조사의 의미 기능이 주격조사를 제외하면 거의 다른 의미기능을 겸용하고 있다는 것이다. 특히 '-로'의 의미 기능은 '방향, 처소, 지향점, 도구, 신분(원인), 자격' 등의 의미 기능으로 실현되는데 이 중에 '방향'과 '신분', '도구'의 의미 영역은 전혀 다른 차원의 개념 범주가 서로 같은 기능으로 묶인 것이다.

또 격조사 '-에'의 의미 기능은 이미 알려진 바처럼 다양한 의미 기능을 통사환경에서 실현시키고 있다.

따라서 이런 점에서, 본 서는 우리말의 문장 형성 변천사를 통해 우리말 문장의 기원까지도 염두에 두면서 살펴보았고, 이를 통해 볼 때 다음과 같은 결론을 내릴 수 있었다.

우리말 '-로' 동사 구문의 변천사

우리말 문장의 기원은 예로부터 에벤키어를 중심으로 이루어진 언어 군 중의 하나인 만주퉁구스제어 가운데 만주어 계통의 언어의 한 분기로 분류되어 구분지어진 한 언어민족의 언어가 아닐까 추정해 본다. 이러한 논의를 통해 우리말의 동사 구문 변천사는 한국어의 기원 및 입말의 연원을 밝히는 데 매우 중요한 역할을 하는 것이라 사료되며, 본 논의의 의미를 이 책에서 담으려고 노력해 보았다.

한편, 중기국어부터 근대 문헌에 나타나는 자료상의 실례를 통해, 우리말에서 타동사 구문의 발달은 결국 사동사의 발달을 막는 데 중요한 원인으로 작용한 것임을 알 수 있는데, 우리말 타동사 구문의 발달과 사동사 구문의 쇠퇴는 타동사 목록의 저하 및 동사 발달사를 통한 구문 변천사로 말미암아 구문이 쇠퇴하는 원인을 알아볼 수 있었고, 이로 인해 우리말 문장의 변천 과정 중에서도 타동사 구문의 발달 과정 및 변천사를 고찰할 수 있었다.

우리말 '-로' 타동 구문은 지금 현재 '-로' 구문으로 이어지게 되며, '-로' 자동 구문은 현재에는 사라졌다. 다만, 자동사 구문에서의 '-로' 구문의 '-로' 의 기능은 지금은 목적격조사가 대신하게 되었고, 이것이 우리말 문장 형성의 기원으로 보인다. 그러나 우리말의 문장 형성의 기원과 단어 형성 원리는 별개의 것이므로 혼동해서는 안 된다.

우리말 동사 구문의 변천사를 다루는 과정에서 한 가지 이해해야 할 것은 서술어 구문의 변화와 동사 구문의 변천은 차이가 난다는 점이다.

서술어 구문의 변화와 명사문은 동일 차원에서 다룰 수 있으나, 동사 구문은 명사문과 동일하게 다룰 수 없다는 사실이다. 그래서, 이러한 논의 및 논지 전개 과정에 있어 염두에 둘 사실은 명사문과 동사문의 기원은 별개의 사실이라는 점이다.

동사문의 기원은 '-로' 서술어 구문의 변천 과정을 다루는 데 있어 반드시 전제되어야 하는 연구 과정이나, 명사문의 기원은 동사문의 기원과는 다르게 서술어 구문의 변천사를 다루는 과정 속의 한 전제 조건이 되는 문법 파생 형태의 기원 및 문법사의 전제 되는 문법 이론 속의 하나이므로 두 개념이 같은 논리 속에서 다룰 수 있는 명제 조건이 되지는 않는다.

따라서 이 저서의 의미 중 첫 번째는 다른 동사 구 문과는 다른 차원의 '-로' 구문의 변천사를 다루었다는 점이며, 여타의 다른 동사 구문은 이처럼 우리말의 여타 다른 목적격조사 '-를'이 결합한 구문과 호환관계를 다양한 환경 안에서 가질 수 있다. 다만, 그러한 목적격조사 '-을/를'이 결합한 동사 구문의 경우, '-로' 구문과 변형 구문과의 관계를 가질 때, 이것이 통사적 실현 환경 안에서 가지는 가치는 매우 크다고 하겠다.

그래서 본 연구 '-로' 동사 구문의 변천사 내용 안에 명사문의 기원에 대한 내용이 본격적으로 다루어지지는 않았고, '-로' 구문의 통사적 조건 및 통사 실현 환경 안에서 다루어져야 할 것이 서술어 구문 안에서 '-로' 논항 명사가 어떤 의미 기능을 가지고 실현되었느냐를 아는 것이다. 따라서 이 논의가 가지는 의미를 찾는다면 '-로' 동사 구문의 변천사 안에서 우리말 서술어 구문의 기원에 대한 논의를 시작하였다는 점이고, 서술어 구문의 변화 안에 명사문의 기원과 동사문의 기원에 대한 논의를 함께 다루어보았다는 점이다.

결국, 명사 기원문의 기원과 동사 기원에 대한 내용은 서로 다른 계통적 차원에서 다루어져야 하며, 우리말의 기원에 대한 연원은 동사문에서 비롯되었다는 사실을 염두에 두어야 할 점이라는 것을 되새겨볼 만한 계기를 마련하였다.

또, 타동 구문의 연원을 이 연구를 통해 볼 때 살펴보면, 만주어에 가까운 한민족의 언어이며, 이 언어를 통해 우리말 문장 형성의 변천사를 가늠할 수 있게 된다. '-로' 동사 구문의 변화와 변천 및 '-에' 논항 명사구의 의미 영역은 명사구의 의미 역할에 달렸지, 서술어와 명사구의 의미 관계에 따라 달라지는 것이 아님을 알 수 있다.

제4장
모국어의 말과 글 연원 밝히기

제4장 모국어의 말과 글 연원 밝히기

이 저서는 우리말의 서술어 가운데 타동사의 구문 안에서 조사 '-로'가 실현된 구문의 발달사를 정리 요약한 뒤, 이와 관련된 우리말 계통적 연원과 말의 기원 문제를 논의하려고 한다.

따라서 이 책은 우리말의 전통과 말글에 대한 논의 및 말의 필요성, 글의 존재에 대해 말과 글 및 글쓰기 교육에 대해 시사하는 바가 크다.

우리말의 말과 글의 연원 밝히는 작업 중 하나는 우리말에 대한 깊은 애정을 가지고 글의 가치를 인식하는 데서부터 비롯된다. 또, 이러한 노력 중의 하나라고 생각되는 것이 우리말 문장의 형성 기원에 대한 연구를 지속적으로 노력하며 변질된 외래 문장에서 벗어나려고 애쓰고 우리말의 문법에 맞고, 사람들의 가슴을 따뜻하게 해 줄 수 있는 정감 있는 말로 글을 쓰는 습관부터 들여야 할 것이다. 이러한 노력 중 하나가 우리말 문장 하나를 쓰는 습관을 들여 그 선택된 문장 중 하나를 골라 문법성을 재단하고, 우리말 문장이 다듬어지는 과정, 그 가운데 문장 및 어절 풀이를 정확하게 하는 훈련을 통해 우리말 문장의 변형문과 정문의 관계 속에서 격조사의 형성과 다른 구문 변화의 원인으로 발생하는 문장 차원의 통사적 변화에도 관심을 가져야 할 것으로 보인다.

우리말 계통에 대한 재고, 우리말 문장 형성에 대한 시의, 문장론에 대한 기존의 견해에 대한 재검토를 통한 구문의 발달사를 다루려고 하는 데 이 책의 집필 목적이 있다.

1) 한국어 계통의 정확한 계통도 문제에 대한 시고
2) 한국어 동사 구문의 연원 및 발달과정에 대한 소론
3) 한국어 글말의 연원 밝히기

또, 한국어 글말의 연원은 우리말의 전통과 계승 문제, 그리고 글의 시작과 말의 기원에 대한 문제에 대해 논의해 보려고 하는 데 주된 저술의 동기가 있다.

따라서 위의 세 가지를 밝히는 작업으로, 아래 네 가지 추론 과정을 중심으로 입증해 보려 한다.

1) 우리말의 동사 구문은 격조사의 발달과 같이 시작되었으나 중기 국어부터 격조사의 실현은 문법 기능이 섞이면서 구문의 변화가 일어나게 되었다. 대표적인 예로 사동 구문 및 자동사 구문의 쇠퇴 이유, 피동 구문의 발달로 인한 자동사 구문의 발달 등이 그러하다.[18]

2) 우리말은 동사의 시작이 먼저이며, 명사문이 동사문으로 발달되었다는 것은 근거가 부족한 이론이다. 명사문과 동사문의 기원은 별도의 계통으로 보아야 하며, 계통론적 입장을 고려하면 명사문은 에벤키어 중심

---

18) 황국정 (2004) 박사 논문 참고.

으로 이루어진

3) 우리말은 동사문에서 발달하였으며, 명사문이 동사문으로 발전, 변화, 쇠퇴하였다는 기존의 견해는 전면적으로 수정되어야 할 필요성이 있다. 동사문 가운데 '-로' 동사 구문은 한국어의 기원 안에 속해 있어 그 기원을 만주어

4) 우리말 계통의 시작은 알타이어족이 아니라 오히려 만주 퉁구스 어족 설에 가까운 고시베리아설이 더 유력한 가설임을 보여주는 것으로, 이에 대한 최초의 가설은 논의된 바 있다. 여기서는 이 부분에 대해 한 번더 입증한 것으로 우리말 동사 구문과 계통을 밀접한 관련을 가지고 본 저서임을 강조한다.

그러므로 동사 구문에 대한 변천사를 전체적으로 조망하여 고찰함으로써 우리말의 문장 구조에 대한 이해를 전반적으로 해 보는 것은 이것이 통사론적으로 우리말 동사사의 역사적 논의가 될 뿐만 아니라, 언어사적으로 계통과 구문의 관계가 얼마나 밀접한 관련을 가지고 있는가를 나타내는 저서의 목적을 드러낸 것임을 밝힌다.

이 책은 동사 구문에 대한 변천사를 통해, 우리말 연구가 말의 75%을 이루는 동사 목록의 대부분인 서술어의 목록을 확정하고 중등교육자들이 서술어 구문의 문법 변천을 능숙하게 말하게 할 줄 알며, 일반 민중들이 우리말 동사 구문의 연원에 대한 관심을 높여 우리말의기원과 연원에 대한 흥미와 자긍심을 높이게 하는 데 본 연구서의 목적이 있다.

또, 우리말 서술어 구문의 연원을 밝히는 것은 명사문과 동사문에 대한

기원을 동시에 다루는 것이 아님을 알아야 한다. 이런 명제 하에 명사문의 기원은 만주 퉁구스제어와 가까운 계보와 관련이 있고, 동사문의 기원은 한국어 독자적으로 발전한 계보임을 명심해야 할 것이다. 이런 측면에서 우리말의 계통을 우리말 서술어 구문의 기원과 변천사를 통해 추적해 볼 수 있고, 추적과 추정의 과정을 통해 결론 지어 보면, 한국어 변천사의 과정 안에 '-로' 동사 구문의 변천사가 절대적으로 필요함에 대해 알 수 있게 된다.

따라서 우리말 동사 구문의 연원을 밝히는 것은 우리말 서술어 구문의 기원을 밝히는 작업이 되며, 이것은 동시에 우리말의 기원 및 연원을 밝히는 데 매우 중요한 전제 조건이 된다는 사실을 알게 된다. 이런 점에서 우리말의 계통과 연원을 찾는 작업은 우리말에 대한 애착심과 자긍심을 높이는 데 매우 중요한 일이 될 것이다. 또, 우리말 계통에 대한 관심과 흥미를 이끌고, 이를 자각시키는 데 본 연구가 중요한 역할을 했으면 하는 바램으로 이 글을 쓴다.

이 연구가 가지는 또 하나의 의미는 우리말의 중요성과 필요성에 대한인지를 높여야 한다는 점이다. 이런 측면에서 이편의 논고가 세 가지 가정 하에 다음과 같은 결론을 내리려 한다.

첫째, 우리말은 고시베리아어 중에서도 만주 퉁구스어족과 같은 우리말과 직접적으로 관련 있는 언어의 부족민과 한반도 내 만주족들이 동일한 거주생활을 했을 가능성, 둘째, 우리말이 고시베리아어를 비롯한 다른 여타의 알타이어족들과 동일하게 한 계보를 가졌을 가능성, 셋째, 우리말과 고시베리아어의 다른 타언어들과 다른 계보를 가졌을 가능성에 대한 가정을 해 본다.

이 가운데 가장 유력한 가설을 셋째 가정하에 다음의 몇 가지 추론이 나온다. 아래에 그 실례와 함께 해석을 붙인다.

첫째, 고시베리아설과 알타이어족설은 별도의 가설이다. (고시베리아설 가운데 에벤키어원어와 우리말의 상관관계가 가장 깊은 듯함.)

둘째, 고시베리아어족에 속하는 언어들 가운데 가장 우리말과 가까운 언어는 에벤키어족의 언어로, 이 언어에 속하는 여러 언어 들 중 만주어는 우리 선조들의 옛 한반도 영역 속에 포함되어 있던 만주 일대 지역의 만주족들로 이 언어가 함경도 경계를 지나 현재 전남 남원 땅에 이르는 고려 영토 현까지의 언어가 우리 민족의 고유한 전통 말의 기원이 아닐까 한다.

셋째, 만주퉁구스 제어에 속하는 여러 언어들 가운데 에벤키어의 언어 중 가장 우리말과 유사한 점이 서술어를 중심으로 동사 구문이 형성되며, 격조사 형성이 후대에 발달함으로 우리말 형성의 기원 시, 동사 구문과 명사문이 서로 별개로 발달되었다는 사실, 명사파생 가운데 영파생 접사로 인한 명사 형성은 우연의 일치라는 점, 명사 파생 시 동사 파생에서 명사로 파생되는 파생법은 기원적으로는 우리말에 없다는 점 등을 공유한다.

우리말은 동사에서 시작하여 명사문으로 끝을 맺을 수 있다. 예를 들어

'한국어의 기원 및 동사 연원에 대한 소고'라는 구절풀이를 하면, 이 경우 '한국어의 기원 및 동사 연원에 대하'는 동사로 시작한 구절이나 '소고'라는 명사로 끝날 수 있다. 그러나 영어나 불어에는 명사를 만드는 전성어미가 발달하지 않아서 동사에서 시작하여 명사문으로 끝나는 문장이 우리말처럼 생산적으로 실현되지 못한다. 우리말의 동사문은 명사로 시작하는 문장이 다수이면서 서술어 구문을 형성하는 것이 대부분의 문장 형태다. 그래서, 이 동사문이 명사문으로 실현되는 소위 명사내포문, 명사형 어미가 실현되는 동명사문은 우리말에 존재할 수 있다. 그러나 반대로 동사에서 시작하여 명사문으로 끝나는 서술어 구문은 존재할 수 없는데, 그것은 그 반대의 경우에 비해 수적으로 빈약할 뿐 아니라, 있더라도 극히 일부 입말의 방언 사투리에만 존재하는 특수한 담화 환경에서만 가능할 뿐이다. 예를 들면 '너 이리와, 빨리.', '빨리 이리와, 너' 등과 같은 변형 관계에서 살펴 볼 수 있는 문형들로 그 사례를 확인할 수 있으며, 이 경우 후자의 문장에서 동사로 끝나고, 다시 명사로 시작과 끝을 맺는 문장의 경우는 우리말의 경우 특이한 담화 환경으로 여겨진다. 이러한 특성이 우리 문형에 존재하는 한 우리말의 기원문이 되는 동사 구문 유형은 아래 다섯 문형이 될 수밖에 없다.

(1) ㄱ. 현대 국어의 명사문은 명사형 전성어미를 필요를 하다.
    ㄴ. 현대국어의 명사문은 명사형 전성어미를 필요로 하다.
    ㄷ. 현대국어의 동사문은 동사파생접미사를 필요로 한다.
    ㄹ. 중세국어 명사문은 동사문과 구분되는 문장이다. (시제 없음)
    ㅁ. 고대국어 동사문은 명사문 없이 개별적으로 실현되는 구분이었

음.(서법 실현)

이 경우 명사문이 동사문으로 실현되는 경우, 서술어가 실현되면 정상적인 문장이 되고, 정상적인 문장이 되는 경우 문형의 뒤바뀜 현상은 이루어지지 않는다. 문형의 뒤바뀜이란 문형이 다른 문형으로 변환되는 것을 말하며, 이것이 가지는 의미는 문형의 전환은 자동사와 타동사 구문의 변화를 일컫는데, 이 중에 '-로' 구문과 '-을/를' 구문의 변화가 가장 빈번하게 일어난다는 것을 알 수 있다. 이 중에서 가장 잘 일어나는 다섯 가지 위에 제시된 문장 유형이 우리말 기원문의 문장이라 생각한다. 그이유는 아래 여섯 가지 까닭에서이다.

1) 우리말의 존재는 그 기원으로부터 중요성이 시작된다.
2) 글의 까닭, 말의 존재 이유는 말의 존재 이유로부터 시작한다.
3) 글 문제는 말 문제만큼 심각하지 않다.
4) 글과 말의 존재 이유는 현실에서 존재하는 여러 문제로부터 각성된다.
5) 글과 말의 존재 이유는 현실에서 존재하는 여러 문제에서 비롯된다.
6) 글의 존재 이유는 말의 존재 이유와는 달라서, 그 중요성이 더 심각한 문제를 야기 시킨다.

위의 여섯 문장 가운데 세 문장, 2), 4), 6)의 실현은 우리말의 일반적인 서술어 동사 구문으로, 다음의 세 문장으로 변형가능하다.

2) 글의 까닭, 말의 존재 이유로부터 말의 존재 이유가 시작한다.

4) 글과 말의 존재 이유로 현실에서 존재하는 여러 문제가 발생한다.

6) 글의 존재 이유로 말의 존재 이유는 다른 차원에서 덜 심각한 문제를 야기 시킨다.

이 가운데 나머지 1)3)5)의 나머지 세 문장은 변형이 불가능하다.

나머지 세 문장의 경우 모두 비문법적인 문장으로밖에 변형되지 않는다. 그 이유는 다음과 같다. 다음의 이유 가운데 아래 몇 가지 가설 중 일부는 논리적인 합득성을 얻어, 이러한 논리 논의가 옳다고 판단된다.

1) 글 존재의 이유는 현실에서 존재하는 여러 어려운 글쓰기 상황으로 알아 볼 수 있다.

2) 말 필요의 이유는 현실 속의 말하기 오염 문제로부터 그 문제의 심각성 을 예측할 수 있다.

3) 말글의 필요성에 의해 우리글은 지금도 말글의 존재 이유를 부각시켰다.

4) 글말의 존재 이유에 대해 우리말을 혼동시키는 주된 이유가 된다.

5) 글의 존재 이유에 대해 우리말을 혼동시킨다.

6) 주제문과 주제는 우리말의 혼동된 문제를 일축시킨다.

위 여섯 문장에 대해 현대 문법은 모두 비문법적인 문장으로 해석하여 이 여섯 문장의 문법적 실현은 아래 여섯 문장으로 바뀌어져야 한다.

1) 글 이 존재해야 하는 이유는 현실 속에서 존재하는 어려운 글쓰기상황을 통해 알 수 있다.

2) 말을 필요로 하는 이유는 현실 속의 말하기 오염문제로부터 알 수 있다.

3) 말과 글의 필요성에 대해 우리글은 지금도 모른다.

4) 글말의 존재 이유는 우리말을 혼동시키는 주된 원인 중 하나가 된다.

5) 글의 존재 이유에 대해 아무도 모른다.

6) 주제문과 주제는 우리말의 문제를 일축시킬 수 있다.

주제문은 주제어와 다르게 주제가 되는 문장인데, 주제어는 단어로 나타나는 반면 주제문은 반드시 동사 하나 이상을 가지는 서술어 구문이 충족되어야 한다. 우리말은 주제문이 반드시 존재하고, 주제가 있으면 주제어가 존재하게 되어 있다. 그러나 알타이제어에 한국어를 제외한 여타의 언어들은 이런 측면에서 한국어와 다른 양상을 보인다. 대표적으로 몽골어의 경우 주제어는 있되, 주제문은 없을 수 있는 구문이 가능하다. 기타 다른 퉁구스제어들의 경우는 상황이 달라서 이 가운데 만주어는 주제어가 있고, 주제문이 존재하며, 주제문은 서술어 구문이 충족되어야 가능하다. 이런 점을 고려하면 몽골어와 우리말은 계통이 다른 언어로 보이며, 만주어와 우리말은 계통적으로 유사한 부분을 공유한다고 할 수 있다. 이런 측면에서 만주어는 우리말과 계통적 관련성을 가지고 있다.

한편, 위에 제시한 여섯 문장은 말과 글의 필요성을 필요로 하며 말의 의미를 보여 주고 말의 중요성 및 글의 가치 매김을 할 수 있도록 보여주는 좋은 사례라 생각한다. 위의 여섯 문장 가운데 2))4)6)의 예문들은 아래의

149

세 범주 안 문법 실현으로 다시 재생할 수 있다.

첫째, 말이 명사에서 동사로 끝나는 경우; 명사문은 동사문으로 끝을 맺는다.
둘째, 입말과 글말의 존재로 인해 입어와 글월의 개념이 나올 수 있는데,
입어는 곧 구어를 말하고 글월은 문어를 일컬으며, 둘 사이의 개념
구분은 없되, 사용의 차이가 있을 뿐이다.
이렇게 볼 때, 글과 말의 차이는 입말과 글의 차이로부터 시작하여
입어라는 구어를 문어로부터 구분하게 하고, 문어를 구어로부터 구
분하여 말할 수 있게 하는 훈련을 할 수 있게 한다. 이런 교육의
관점을 배제한 채, 말하기와 글쓰기 교육 훈련을 하는 것은 의미
없고, 이 저서의 출간으로 인해 말과 글의 중요성을 중시하며 말과
글의 차이를 명확하게 보여주는 위와 같은 사례를 통한 반성의 교
육관점을 가지지 않는 이상, 현 교육은 반성의 기회를 가지게 된다.
셋째, 입말과 글월문 가운데 입말은 대개 동사에서 시작할 수 있고, 서술
문으로 시작할 수 있다. 그러나 글월문은 동사에서 시작할 수 없고,
서술문으로도 시작하기 힘들다. 따라서 글월과 입말의 이렇듯 뚜렷
한 차이로 인해 입말은 그대로 글이 될 수 없으며, 단 잘된 글은
입말로 되돌려 다시 환원시키면 말이 되는 것이다.
우리말과 글의 존재 이유는 계통적 관점에서 볼 때 그 말의 존재와
글의 되새김하는 법을 가르칠 때만이 사람사이의 관계를 증진시킬
수 있고 증진된 인간관계가 세상으로 나아갈 때만이 원만한 사람사
이의 관계가 형성될 수 있다. 이것이 인간사의 기본이라는 것을 알

아야 하며, 이것을 공유하는 교육이 형성될 때 바른 참된 교육이
성취될 것이다.

또, 우리말은 명사로 시작하여 동사문으로 끝을 맺는 서술구문이 일반 평
서문부터 시작하여 모든 5개의 문형이 그러하다. 이 또한 영어나 기타 언어
에는 살펴보지 못하는 문장의 특성 중 하나이다. 이런 경우 우리말의 특성이
명사문이나 동사로 시작하지 않더라도 부사어로 시작하여 부사로 끝날 수
있고, 감탄사로 시작하여 독립어로 끝날 수 있는 것을 보더라도 영어와의
계통은 다름을 알 수 있다. 특히, '-로' 동사 구문의 변천사를 통해 알 수
있었던 것 중 가장 특징적인 것 중 하나는 '-로'의 의미가 다섯 가지 이상의
기능을 가질 수 있다는 점이다. 이러한 현상은 서술어의 의미와 무관하게
일정한 통사 환경에서 '-로'가 문맥상 가지는 의미로, 영어 이외의 기타 언어
에는 없는 우리말에만 존재하는 조사의 다양한 격 의미 기능이라고 할 수
있다. 이러한 현상이 만주어에도 존재하는데, 이러한 현상으로 보아도 우리
말과 만주어의 계통적 연관성이 깊다는 사실에 대해서도 알 수 있게 해 준
의미 있는 저서로 남길 바란다.

우리말 동사는 우리말의 기원을 알 수 있게 해 주며, 서술어는 우리말
동사 구문의 변천 사 중 '-로' 동사 구문의 변천사를 더욱 의미 있게 해주어
우리말의 기원과 계통을 밝히는 중요한 문법범주임을 알게 된다. 따라서 우
리말의 연원과 계통을 밝히는 작업으로 '-로' 동사 구문의 변천을 다루는
것은 계통론적 분류 가운데 에벤키어를 중심으로 하는 만주어족의 후예들이
한반도에 정착하여 거주하는 동안 고려의 영역 현으로 합류되는 시점(고려

태조-광종)에 이르는 기간 동안 한반도의 언어 경계가 결정된 것임을 알 수 있게 된다.

또, 이러한 연구 결과를 통해 한반도의 이전 언어 영역의 경계를 다시 갈무리하는 작업이 필요한 줄 알게 되며, 이를 통해 선조들의 영역 지키기 사업, 확장사업이 우리 민족의 생명을 잇게 해 준 터전이 되는 정치영역이었음을 알 수 있다.

이런 작업의 일환으로 본 저서는 한국어 계통의 연구 영역 가운데 동사류, 즉 서술어의 목록을 확정하고 개별 서술어의 동사사 및 문법사를 다루는 것의 중요함을 알게 된 연구서라고 판가름하며, 이 저서를 마무리하고자 한다.

우리말 동사 구문 가운데에서도 통사론적으로 중요한 의미를 지니는 부류는 자동사 가운데 행위성 자동사 부류이며, 범주론적 측면에서 보면 타동사와 타동 구문에 영향을 주는 사동사가 유의미한 의미를 지닌다고 볼 수 있다.

그러나 우려되는 점은 자칫 민족의 정체성을 논의하는 이 시점에 민족우월주의를 내세우는 입장에서 우리말의 중요성만 부각시키는 논의로 폄하시킬 우려가 있을까 조심스러운 기우를 하게 된다. 이런 측면에서 보면 다문화라는 말이 우려될지 모르나, 현재의 시국에서 가장 염려되는 바는 다문화라는 허울 하에 외래어의 자국민족의 자멸시킬 정도의 침투가 무의지, 무의식 하에서 받아들여지고 있다는 점이며, 이러한 상황 아래 의지를 불태워 의식을 차려 우리말의 중요성을 깨달으며, 말과 글의 소중함을 알아야 된다는 사실이다.

우리말은 광개토왕릉비문 속의 우리말의 문장을 끼워 넣은 장수왕의 현장의 지혜, 신라 향가 중 찬기파랑가를 지을 수 있었던 충담사의 기개, 고려 공민왕 시절 나라를 뺏겼어도 문화재를 뺏기지 않으려고 노력했던 정도전의 고심, 조선 초 우리말을 지키려고 애쓴 태종 조부터 성종 연간의 불경 간행, 성종의 내훈 과 두시언해의 간행 등이 우리말을 오늘날까지 잇게 했다. 또, 불교서적의 간행으로 한글을 연장시켜 실생활까지 사용하게 하려 했던 세종의 부단한 노력이 우리글을 뺏기지 않으려고 한글 서적 등을 간행하며, 사전 편찬에 이르게 했던 주시경을 비롯한 한글 애국연구자들의 노력이 오늘날 한글의 발전을 이룩하게 했음을 명확히 배워 익혀야 한다. 이것이 본 저서가 이 글을 집필하면서 깨닫게 된 점이며, 이것을 현 초, 중, 고등학생 국어 교육 과정에서 중요하게 부각시켜 가르쳐야 한다고 판단한다.

우리말 서술어 구문은 국어 동사 구문구조의 통시적 연구라는 제목으로 초판을 쓴 바 있어, 여기서는 모국어를 인식하고 모국어인 한국어에 대한 시각을 고찰하기 위해 제목을 '우리말 계통 및 우리글 연원'으로 바꾸어 새롭게 개편했음을 밝혀 둔다. 따라서 국어를 모국어적 관점에서 바라보면 '우리말'은 민족주의 입장을 버린 상황에서도 '우리말'에 대한 깊은 관심과 사랑을 보여 줄 수 있는 시대이기 때문이다. 또, 구문에 대한 이해를 위해 초판의 제목 안에 넣었던 '구문구조'를 '구문'으로 바꾼 것은 우리말 문장의 이해 및 구조 파악을 위한 새로운 문법관을 제시해 보려고 하는 데 있다. 이런 관점에서 초판의 구문구조는 '구문'으로 이해하는 것이 옳으며, 박창해의 이론에서 비롯한 구조주의적 관점의 "구문구조'라는 개념을 버리고자 한다. 또 '통시적'을 '역사적 연구'로 바꾼 것은 역사적 연구의 정확한 의미를 다시 새겨

153

볼 때, 민족사관의 입장에서 통시적, 공시적 이라는 명칭을 쓴 정인보의 역사관을 버린다는 입장에서 순수언어이론적 관점에서 역사적 연구라는 용어를 쓴 것이다.

1) 현대국어 '-로' 동사 구문

우리말의 서술어를 이해하는 데 있어 조사 '-로'가 실현된 서술어 문장은 매우 중요한 의미를 가진다.

(1) ㄱ. 경제계의 성장은 항상 상한가를 치른다.
　　 ㄴ. 경제계의 성장으로 최근 주식 시작이 성황을 이룬다. → 원인
(2) ㄱ. 경제계의 발전은 우리나라를 지탱하지 못하게 한다.
　　 ㄴ. 경제계의 발전으로 대통령은 감당할 수 없는 책임감으로 죄책감에 시달린다. → 신분

왜냐하면, '-로' 동사 구문은 위의 예 (1)과 (2)에서 볼 수 있듯이 타동사가 실현된 문장의 경우 예 (1ㄱ)과 (1ㄴ)처럼 '-로' 논항 명사가 (1ㄱ)은 주어로 실현되던 것이 (1ㄴ)에서 '부사어'로 실현되는 것처럼 문장의 성질에 따라 다양한 성분을 가질 수 있다. 이 때 여타의 다른 사례들을 검토해 보면, 아래 일곱 문장을 들 수 있는데, 모두 도구격조사 '로'가 도구의 본래적 의미를 실현시키는 경우는 없는 사례들이다.

(3) ㄱ. 경제계의 거목이 회장 및 부회장으로 성장하다.

　　ㄴ. 출판계의 사장이 혐의로 풀려나다.

　　ㄷ. 이 글의 시작이 첫머리로 시작된다.

　　ㄹ. 회장은 부회장으로 낙오되다.

　　ㅁ. 부회장의 부인으로 회장의 부인이 함께 대동하다.

　　ㅂ. 부회장은 선임으로 뽑히다.

　　ㅅ. 라디오의 선율로 성시경이 스타 되다.

예 (3)에서 실현된 '로'논항 명사구는 모두 목적의 기능을 가지고 실현된 경우로, 위 (3)의 문장은 아래 (4)의 사동 구문으로 변환시키기도 한다.

(4) ㄱ. 경제계의 거목이 회장 및 부회장을 성장시키다.

　　ㄴ. 출판계의 사장이 혐의를 풀다.

　　ㄷ. 이글의 시작이(은) 첫머리를 장식하다.

　　ㄹ. 회장은 부회장을 낙오시키다.(낙오되게 하다.)

　　ㅁ. 부회장을 부인을 회장의 부인과 함께 대동시키다.(대동하게 하다)

　　ㅂ. 부회장은 선임 자리를 뽑아 주다.

　　ㅅ. *라디오의 선율을 성시경으로 스타 되게 하다.

위의 예 (4)는 사례 (3)을 사동 구문으로 바꾼 것인데, 이들 일곱 개의 문장은 다음의 몇 가지 이유로 위의 문장 내의 '-을' 논항 명사구의 의미가 모두 목적어적 기능을 담당하는 것이 아니라 문맥을 고려했을 경우, '지정',

'선택'이라는 주제문을 만들 수 있는 구문 내 문으로 변환할 수 있는 구문이다. 이 경우 '지정', 선택'의 의미는 예 (13)의 문장 내에서는 '자격'의 의미기능을 가지는 것으로 변환된 구문 내에서는 모두 '자격(신분)'의 의미기능을 잃어버리게 된다. 따라서 예 (4)의 구문 내 변화문의 어절 풀이에 해당하여 '주제'의 의미 기능을 부여한 것은 문장 안의 목적어에 해당하는 '-을' 명사구가 구문 내에서 지정의 기능을 가지게 됨으로써 본연의 문법 기능을 잃게 되며 '-로'를 '-을'로 바꾸면서 제 몸을 변환시킨 것이다.

다만, 도구격조사는 목적격조사와 달리 문장 내에서 변화를 가져다주지 않는데, 이는 목적격조사와 도구격조사의 혼합 기능이 없어지는 것을 보이는 것으로 위의 여섯 문장의 사례가 그러하다.

이 책은 이처럼 도구격조사 '-로' 논항 명사가 문장 내에서 목적격조사 '-을/를'로 전환될 때, '-로'의 본래 가지던 '도구' 기능을 벗어버리고, '방향', '처소', '낙착점', '도구', '원인(신분)' 등의 의미를 가지게 되는 것을 알게 된다. 이 말은 곧, '도구'의 기능을 가지던 '-로' 논항 명사구가 다른 문장으로 변화될 수 있다는 것을 말하게 되며, 변화된 문장은 소위 사동 구문으로 실현된다는 것을 알 수 있다. 그래서 도구의 의미기능을 실현시키던 '-로' 문장이 사동 구문의 '-을' 구문과 관련되게 되는데, 이는 우리말이 기원적으로 '-로' 도구 구문과 목적어를 가지는 사동 구문 '-을' 목적어구문이 소위 변형 구문 차원에서 관련된다는 것을 알 수 있다. 이럴 경우, 어느 문장이 소위 주문이 되고 어느 문장이 변형문이 되는지를 따질 때 필자는 '-로' 도구 논항 명사가 실현된 문장이 주문이고, '-을' 사동 타동사 구문이 변형문이라는 데 동의하는 입장을 취한다.

도구라는 것은 목적과는 다르게 광범위한 의미로 쓰일 수 있는데 도구의 '로'와 목적격조사의 '를'이 같이 '도구'나 '목적'의 기능을 겸용할 수 있었던 것은 아직 격조사의 기능이 미분화된 시절에서 두 형태소가 우연히 기능을 겸용하여 쓰인 것으로 보고, 이것이 분화된 시기는 조선 초기부터 중기사이가 아닐까 한다. 그래서 목적격조사와 도구격조사의 혼합 양상이 현대국어에서도 나타날 수 있는 현상으로도 설명할 수 있다.

만약, 두 격조사의 도구의 기능이 동일할 경우 이것이 문장 내에서 겹치게 실현된다면, 말 그대로 문법기능의 중화가 일어날 수 있으므로 이를 피하기 위해 목적의 '도구'의 기능은 없어지게 된 것이라고 추정할 수 있다. 그런데, 두 격조사가 동일한 환경 내에서 기능이 중첩된다면 이것은 중첩의 경우 중첩을 피하는 통사 환경이 실질적 문장 내에서 실현될 경우 문법 기능이 겹치게 되므로 이를 위해서는 문법 기능형태의 분화가 필요하게 된다.

동일 환경 내에서 두 격조사가 실현되는 경우, 하나의 문법 형태는 죽게 되고 하나의 문법 형태는 되살아나서 그의 기능을 대신하게 되는데 만약 그렇게 되지 않으면 언어 실현의 원리를 어기게 되기 때문이다.

위의 사례들을 통해 살펴보면 이 연구가 문장의 기원을 밝히는 동시에 당시의 형태의 발음 문제도 연구하는 것이 맞는다는 생각을 하며, 이 또한 문장 차원에서 글말의 생성과 우리말의 연원 및 계통을 고려한다는 것을 명심해야 한다.

또, 말과 글의 중요성이 떨어지고 있는 지금, 말글의 중요성과 필요성을 되새김할 수 있는 계기가 될 수 있다는 점에서 국어 교육적 가치가 크다. 본 저서의 토대가 되는 구문 변화사는 앞으로는 '-로' 동사 구문의 변천사에 대한 것으로 논의하겠다.

이 글의 중요한 논의 중 하나인 동사 구문의 변천사 가운데 '-로'가 쓰인 문장 유형에 대한 논의를 한 것은 그것이 우리말과 글의 기원이 되는 문장이기 때문인데, 가장 큰 문제는 그 문장의 사라짐 현상이 현재 외래어의 침투로 인해 온다는 사실을 목도했기 때문이다. 예를 들면 아래의 사례에서와 같이

(5) 이러한 사실을 염두하면, 우리말과 글은 앞으로 향후 5년 안에 지금으로서는 예측할 수 없는 일이 벌어지게 될 것이다.

위의 문장에서 '앞으로', '지금으로서는'에서의 '-로' 구절이 아래의 문장으로 바뀌고 있다.

(6) 이러한 사실을 통해 볼 때, 우리말과 글은 앞으로 향후 5년에 지금보다 좋지 않은 문장과 글이 쓰여지게 될 것이다.

혹은 다음과 같은 사례문을 보더라도 이러한 문장은 쓰여져서는 안 되는 글이다.

(7) 이러한 사실을 염두에 두면, 우리말과 글은 나중에 안 좋은 문장이 많아질 것이다.

또 아래의 사례문을 통해 보면, 우리글은 우선적으로 개선되어야 할 것으

로 생각된다.

아래의 예문들을 살펴볼 때, 우리말과 글의 연원 및 연계성, 글의 가치에 대한 논의는 아래의 예문을 통해 보면 우리말의 절실함을 깨닫게 될 것이다.

(8) 이러한 사실을 염두할 때 우리말과 글은 나중에 없어질 것이다.

위의 예문 (8)과 같은 식으로 우리말 문법에 맞지 않는 오염된 글이 퍼지게 될 것이고, 앞으로 쓰일 순화된 우리말과 글의 문장을 잠식하게 되어 우리말의 존재감마저 인식하지 못하게 되는 실정이 오게 되고 말 것이다.

그런 측면에서 위의 첫 번째 사례에서 든 문장의 '-로' 구문은 없어져서는 안되는 문장이다. 이런 점을 감안하여 문장들을 검토해 보면 수많은 우리말의 문법에 맞는 우리식 문장들이 외래어의 번역투의 문장으로 바뀌어 가고 있음을 알게 될 것이고 그것이 곧 우리말과 글을 없어지게 하는 주원인으로 작용하게 될 것이라는 판단이 선다.

2) 모국어의 입말의 연원 및 글의 되새김법

이러한 판단 하에 우리말의 글과 말의 정체성에 대한 논의가 필요하며, 이 부분에 대한 연구 영역이 확대되어야 할 것이다.

이러한 현실 속에서 두 가지 문제 글 읽기와 글쓰기는 문장의 형성 원리에 대해 정확하게 이해하는 선에서, 문장의 길이보다는 문장 형성 및 구절 풀이 해석을 할 수 있는 상황을 만들어주며, 이것의 현실을 개척해 나가는 방법 중 하나가 한국어 문장구성의 형성 방법 및 규칙 원리를 터득하고 익혀서 우리말 문법 및 문형에 맞는 원리로 글 읽기 비롯, 글쓰기, 문법을 가르쳐야 한다는 것을 알아야 할 것이다. 글 읽기와 글쓰기는 명석한 두뇌가 필요한 것이 아니라 부단한 노력만 있으면 이루어질 수 있다. 늘 우리말과 글에 대한 관심과 흥미를 가지면서 부단한 독서 습관을 게을리 하지 말아야 하며, 우리글에 대한 최대한의 긴 문장을 가지고 자신의 신념을 써내려갈 수 있는 글 한편의 완성도를 높이게 가르치는 것이 글쓰기 교육의 핵심이 되어야 하며, 이러한 글을 외워서 말을 할 수 있게 하는 것이 말하기 교육의 중심이 되어야 할 것이다. 이것이 본서가 바라는 지금의 독서교육, 작문 교육의 해결책이라 생각한다. 따라서 본 연구의 시작이 우리말과 글에 대한 애정을 높이고 1부의 동사 구문 변천사에 대한 관심을 높이는 데 초석이 되는 저서가 되길 바라는 마음과, 국어교육의 현장에서 말 읽기과 글쓰기에 대한 교육자들에게 귀교의 뜻을 전하면서 이 책을 마무리 한다. 이 책의 말미에 쓰는 후기는 글보다는 말, 말의 순화가 어느 때보다 필요한 때인 만큼 말의 소중함을 한 번쯤 되새겨볼 수 있는 저서로 남길 기대하며, 이 자리를 빌어 박문사 사장님께 깊은 감사의 뜻과 출판업계의 건업이 되는 책으로 한켠의 작은 주춧돌이 되는 계기가 되고자 한다.

이와 아울러 격조사 발달 과정과 문장 변천사를 이해하는 수업을 고등학교 교육에서 병행하여, 글의 중요성을 일깨우며 작문의 중요성을 깨닫게 하고 화법의 교육의 중요성을 밝혀 이 땅에 말과 글이 태초의 가르침을 잇게 하는 모범이 되는 교육자가 나오기를 바라는 마음에서 2부의 내용을 마친다.

끝으로, 본 서에서 중심적으로 다루었던 동사 구문 가운데 도구격 조사

'-[로'가 실현된 구문의 변천사를 다룬 것은 '-로' 동사 구문이 우리 말 문장의 연원이 되는 문장으로, 우리말의 역사에 대한 관심은 물론 우리말의 계통에 대한 관심과 글에 대한 가치, 문자의 역사에 대한 흥미를 높이기 위해서이 저서를 펴낸 것임을 명확하게 밝힌다.

또, 도구격 조사 '-로'의 의미 기능 가운데 '자격(신분)'의 기능이 뒤늦게 발달한 이유는 도구의 기능 가운데 한 가지 수단이나 방편의 의미와 '자격'의 의미 영역은 서로 별개의 것이기 때문인 것으로 보인다. '수단'이나 '방편'은 주체의 의도를 가지고 행위하는 사이에 자연스러운 행동의 부차 도구로 이루어질 수 있는 매개체일 수 있다. 그러나 '자격(신분)'의 의미 기능은 도구와는 다르게 주체의 의도 없이도 이루어질 수 있고, 오히려 주어의 행위 의지가 없을 때 타인의 신분이나 도움이 필요할 경우 이루어질 수 있는 의미 영역의 한 범주로 생각된다. 따라서 도구격조사 '[-로'와 그것의 기능 분화 시기를 결정하는 것을 논의하는 시기

도구격조사 '-로'와 우리말 계통에 대한 관심'-로'와 '을' 상황 아래 두 격조사 '-로'와 '-을'의 기능 분명히 바라볼 필요가 있으며, 바라보며 지키는 것만이 최선이 아니라는 것을 알아야 한다.

두 격조사의 도구의 기능이 다를 경우 이것이 문장 내에서 겹치더라도 아무 문제가 없으므로 격조사의 도구의 기능이 각기 제 모습을 가지고 문장 내에서 실현될 수 있는 것이다. 두 격조사가 같은 기능을 가지고 실현될 때, 하나의 문법 형태가 다른 문법 형태소의 기능을 겸용적으로 실현시키면, 문

161

법의 영역 안에 두 개의 형태가 한 기능을 가지게 되므로 균형을 잃게 될 수 있다. 따라서 도구격조사 '-로'와 목적격조사 '-을/를'이 동일한 '목적'의 기능을 가지게 되면 문법 영역의 균형을 되찾으려는 언어 내적 체계 속의 기능 유지를 위해 문법 형태의 분화가 일어나게 된다. 이런 관점에서 보면 목적의 '-로'는 두 격조사가 공유하다가 고려 후기 공민왕 이후부터 조선조 태종 연간에 이르는 동안의 원나라 쿠빌라이 칸이 고려를 침입한 시절 분기가 일어난 것으로 일종의 언어 외적 원인에 의한 문법 내 체계의 변화임을 알 수 있다.

물론, 이러한 '-로'의 의미 기능 분화로 인해 현대국어의 '-로'가 여러 의미적 기능을 가지게 된 것이다. 이 책은 이러한 여러 의미적 기능을 가지는 '-로' 구문의 다양하나 구문 변화 유형을 살피고, 이 구문의 변천사를 살펴보았다. 또, 자동사와 타동사 구문의 변화 안에 실현된 '-로' 동사 구문의 변천 과정 안에서 외래어의 침입으로 우리말의 변질 및 우리말 계승과 관련된 모국어 인식에 대한 중요성에 대해서 살펴보기도 하였다. 이러한 논의들을 통하여 본 저서는 자국 민족의 자긍심을 지니며 자국어에 대한 애착심을 가지게 하는 노력의 일환으로 우리말 서술어 구문에 대한 관심과 문장 형성의 원리에 대한 깊은 관심을 갖는 기회가 되는 자리가 되길 바라는 마음으로 이 저서를 마무리한다.

이 연구로 인해 우리말과 글에 대한 자긍심 및 애글심을 부흥시켜 말의 필요성을 깨닫고 글의 가치를 알게 하는 현명한 학생들의 국어 정신 나라 사랑의 길을 되새김질 하는 계기가 되길 바라는 마음으로 이 저서를 펴낸다.

이 책의 '-로' 동사 구문 변천사는 결국 우리말의 연원 및 글의 계통을 밝히고자 하는 많은 연구자들이 배출되기를 바라는 국어교육과 교수로서 학생들에게 질책의 잣대로 쓰는 한 편의 회고서임을 알려 둔다.

제5장
줄 매듭짓기

제5장 줄 매듭짓기

이 글의 저서 동기는 우리말 동사 구문 가운데 '-로' 동사 구문의 변천사를 중심으로 자타동 구문에서 실현되는 통사적 실현에 대해 깊이 있게 그 변화를 중기국어부터 근대국어에 이르는 동안의 변한 양상을 중심으로 살펴보았다. 그리고 이것이 가지는 의미에 대해 한국어의 계통과 연원을 살피는 작업을 통해 알아보았다. 그 가운데 가장 중요한 수확은 '-로' 동사 구문의 변천사 가운데 자동사 구문의 '-로' 동사 구문은 지금 현재는 그 용법이 남아 있는 경우가 극히 드물고, 자동사 구문에서 실현되는 '-로'의 서술 구문은 현재까지 여러 다른 구문의 변형 문형으로 걸쳐 있다는 것을 알 수 있게 되었다. 또, 이러한 양상이 타동 구문에는 전혀 다르게 적용된다는 것을 알 수 있게 되었다. 타동 구문의 '-로'의 기능은 '-로' 변천사에 대한 결론 중 '로'의 '자격(신분)'의 기능이 현재까지 남아 있는데 이것은 '-로'의 기능 중 가장 나중에 만들어진 의미 기능으로 '-로'의 의미 기능은 다음과 같은 변화 과정을 겪게 되는 것으로 보인다.

; 도구 처소 방향 원인 자격(신분)

그리고 일부 '대상'의 기능을 가지는 '-로'는 원래 '로'가 '를'과의 격 기능이 분화될 때 목적의 대상의 기능을 가지던 '-로'가 중기국어로 이어져 현재 일부 문장에서 실현되는 것으로 남아 있는 것이 확인되는 것이다. 현대 목적의 대상을 가지는 '-로'의 사례는 아래의 예문이 분명히 보여 준다.

사례 1) 우리말의 시작은 고대 단순신화에서부터 시작한 다음, 글의 태초 연간인 기원전 4989년 전 우리글의 문자 탄생을 예고한 한나라 한자의 유입 이후 가능했던 것으로 보인다.

위 문장에서 '가능했던 것으로 보인다'의 '가능했던 것으로' 구절에서 실현된 '-로'의 의미 기능은 문맥상 '신분(자격)'으로 보이나, 실은 서술어 '보인다'에 대해 목적의 대상 논항으로 실현된 것으로 보아야 한다. 그것은 아래의 문형으로 변형되는 것을 보면 확인할 수 있다.

사례 2) ; .....중략....한자의 유입 이후 가능했던 것을 알 수 있다.

위 두 문장의 사례 비교를 통해 알 수 있는 것은 '것으로'와 '것을'은 문형을 바꾸었을 때, 전자는 도구격조사, 후자는 목적격조사로 문형을 실현시켰다는 점이다.

이 경우 전자는 도구의 의미 기능을 가진 '-로'가 '-을'로 변형된다는 사실을 주목하게 된다. 왜냐하면. 이것이 지닌 의미는 '-로/을'의 변형문이 가지는 의미 기능을 알게 되며, 또 이것의 의미가 가지는 바는 '로'와 '-을'이 서로 변형문으로서의 관계를 가지는 통사 기저와 표면형의 관계로서, '-로'

와 '-을'의 격조사의 변환 관계를 말해 주는 것이다. 따라서, 조사 '-로'와 '-을'의 목적의 대상 기능은 우리 말 역사 어느 시점에 분화되기 전의 문법 기능의 공유기간이 있었음을 보여주는 것이고, 문법 기능의 분기 이후 문장 실현의 양상에 대해 문으로서의 시작과 끝을 말해주는 기점이 되었다.

그러므로 우리 말의 계통적 관점, 연원, 말의 분기 시기와 글 시작의 원류에 대한 논의는 우리말 기원을 연구하는 분야에서 한번 쯤은 고민해 보아야 하는 문제가 아닐까 한다. 그런 측면에서 본 저서 역시 계통을 연구하는 분야에서 생각해 보아야 하는 말의 기원을 왜 캐내야 하는지, 그것을 위해 언어학 의 통사 부분을 어떻게 처리하고 문제를 해결해 가야 하는지 연구 영역의 한 분야를 개척해 낸 논의라고 생각된다. 이런 측면에서 본 저서의 의의를 찾을 수 있겠다.

이 글은 우리말 서술어 구문 중 '-로' 서술어 구문의 변천에 대해 살피고, 그 중에서 '-로'가 실현된 자동사와 타동사 구문의 변천사를 중심으로 논의를 진행하였다. 그 가운데 특히 도구의 기능을 가지는 '-로' 서술어 구문은 일반 현재 사람들에게 친숙한 도구 구문으로 이해되는 것도 있으나 대개의 '-로' 서술어 구문은 구문 파악이 힘든 문형으로 파악하고, 이것의 문장 해독 및 문법 설명을 위주로 하는 글을 쓰려고 했다. 또, 이 문형 파악을 함에 있어 '-로'는 '로'의 의미와 그것의 변형 관계를 알게 하기 위해 그 문장의 친숙도를 높이는 작업으로 현재 우리말에서 '-로'가 가지는 표현 및 표현 강도, 표현 매체를 통해 이 글의 마지막을 논의하고자 한다.

(1) 그 남자로 사랑을 알게 되다.

(2) 그 남자로 이별을 하게 된다.

(3) 그 여자로 사랑의 이별의 참회의 고통을 알게 되었다.

사례 (2)의 '그 남자로'에서 '-로'는 '-로 인하여'라는 구절풀이를 하게 되는데, 이 경우 '-로'의 문법 기능은 '원인'의 의미를 가지게 된다. 사례 (3)의 '그 여자로'는 '-로'가 전형적인 도구의 기능을 가지는데, 그 원인은 아래에 실현된 사례와 같이 예문 (2)는 변형이 가능한 것을 알 수 있되, (단 두 인물이 연인 사이었음을 가정할 때) (3)은 변형 불가능한 것을 통해 알게 된다.

(2) 그 남자를 이별을 하게 되었다.(된다?)

*(3) 그 여자를 사랑의 이별의 참회의 고통을 알게 되었다.

본 저서의 목적은 중기 국어 동사 구문 가운데에도 타동사 구문의 발달사를 중심으로 초판을 개정하여 각 장의 내용을 용어와 문법 개념 및 이론을 중심으로 개괄적으로 요약하면 다음과 같다.

이 책의 우리말 동사 구문에 대한 그간의 연구를 토대로, 특히 타동사 구문의 발달에 대한 심도 깊은 연구를 하여 그것이 우리말 계통과 어떤 관련이 있는지를 밝히고자 한 저서이다.

우리말 서술어는 자동사, 타동사, 형용사로 구분되는데 이 책은 형용사 부분은 다루지 않고 자동사와 타동사라는 서술어의 구문 변화만을 다루었다. 자동사는 크게 주어의 의미역이 행 위주·인지 아닌지에 따라 행위성 자동사와 비행위성 자동사로 구분된다. 행위성 자동사는 동사가 요구하는 논항과 자동사의 의미에 의해 단순 행위, 처소 행위, 대상 행위, 발화 행위, 상호 행위, 이동 행위 자동사로 살펴볼 수 있다. 비행위성 자동사는 피동, 심리, 사유, 인지, 지각, 변성, 존재, 대상, 원인, 기준, 분열, 대칭, 이동 자동사로 구분된다. 자동사의 문형에서 특징적인 것은 대상의 'NP에', 대상의 'NP로' 논항이 실현되는 대상 행위 자동사 구문과 다양한 피동 자동사 구문의 실현 이다. '대상'의 'NP로'는 이 책에서 새롭게 설정한 논항이다. 즉 'NP로'에 기존의 '도구격'이나 '향격'으로는 설명할 수 없는 '대상'에 가까운 용법이 있음을 주목했다. 그리고 'NP로' 논항의 의미역으로 '대상'을 설정할 수 있 는 근거를 공시적·통시적 측면에서 들었다. 특히 신라시대 이두자료에서 '- 를'에 대응되는 차자표기가 나타나지 않은 것에 반해, '-로'에 대응되는 '以 爲'가 이미 표기되었음에 주목하고 '-로'가 이른 시기부터 '대상'의 통사적 기능을 가지고 있었을 가능성이 큰 것으로 해석했다.

중기 국어 타동사의 기본 문형의 틀은 현대국어와 크게 다르지 않다. 타동 사는 '행 위주'를 주어 논항으로 취하는 단일 목적 타동사, 동족 목적 타동사, 이동 타동사, 위치 타동사, 피해 타동사, 전환 타동사, 결과 타동사, 도구 타동사, 수혜 타동사, 비교 타동사, 교호 타동사, 그리고 명명 타동사로 세분 화된다. 비행 위주·주어에서 실현되는 의미역으로는 사역주, 경험주, 피동 주 등이 있다. 이에 따라 타동 구문은 '사역주'를 주어 논항으로 취하는 사역 타동사, '경험주'를 주어 논항으로 가지는 심리 타동사, 지각 타동사, 인식 타동사, 사유 타동사, 그리고 '피동주'의 주어 논항이 실현되는 피동 타동사 로 나뉜다. 타동사의 문형에서는 심리 타동사 구문, 전환 타동사 구문에 나타나는 논항의 실현 양상이 주목된다.

타동사 구문의 가장 큰 특징은 타동사의 성질에 따라 구문의 변화가 결정된다는 것이며, 사동사 구문의 발달을 저해한 주된 요인으로 작용했다는 점이다. 이 연구는 이 부분을 중점적으로 다루려고 하였다.

그 외 행위성 자동사의 부류들은 논항이 형성되거나 축소되는 변화를 나타낸다. 대상 행위 자동사는 가장 두드러진 범주 변화를 보인다. 이는 'NP이 NP로 V', 'NP이 NP로 NP에 V'의 대상 행위 자동 구문에서 '대상'으로 실현되는 'NP로'의 기능이 근대국어에 들어와 약해지면서 더 이상 자동 구문을 구성하지 못하게 되는 것이다. '덮다, 막다, 박다' 등이 이에 속한다. 이동 행위 자동사 구문의 특징적인 구문 변화는 15세기 국어에서 이동 행위 자동사로 분류되는 동사 가운데 일부가 근대국어로 오면서 이동 자동사의 통사적 속성을 잃게 된다는 것이다. 이는 이들이 취하는 논항 실현의 변화를 통해 알 수 있다. 일반적으로 이동 자동사 구문에서 이동의 '지향점' 혹은 '기점' 논항이 'NP에', 'NP로' 혹은 'NP를' 명사구로 실현되는데, 몇몇 이동 행위 자동사 구문에서 이러한 논항이 근대국어 후기로 갈수록 실현되지 않게 된다. '나다, 들다, 옮다' 등이 이에 속한다. 이들은 15세기 국어에서 이동 행위 자동사 구문을 형성하였는데 근대국어로 오면서 이동동사의 통사적 속성을 잃게 된다. 이들의 용법은 '나다, 들다, 옮다' 등을 어기로 하는 합성동사 '나오다, 들어오다, 옮겨오다'의 형태로 실현된다. 이동 행위 자동사 가운데 일부 순수 자동사는 근대국어에 들어와 'NP를' 논항을 취하게 되면서 타동성을 획득하게 된다.

피동 자동사의 가장 두드러진 구문 변화는 자동사의 용법이 소멸되는 현상이다. 피동 자동사 가운데 자·타 겸용 동사의 용법을 가지는 것은 대부분 근대국어에 들어와 자동 구문을 형성하지 못하게 된다. '갈다, 쪄다, 닫다' 등이 있다. 행위 피동 자동사는 15세기 국어에서 'NP이 NP에 V'의 구문을 형성하였는데 근대국어에 들어와 '피해자'의 'NP를' 논항이 실현됨으로써 구문이 확장된다. 현대국어에 존재하는 목적어 있는 피동 구문의 실현이 이 때부터 가능해지게 된다. 원인 피동 자동사는 'NP이 NP에 V'의 구문을 형성하였는데 일부 원인 피동 자동사는 동사의 의미가 축소되면서 구문에서 '원인'의 'NP에' 논항이 실현되지 않는 변화를 겪게 된다. 결과적으로 'NP이 V'의 축소된 구문으로 실현된다. '쪄디다'와 'ᄒᆞ야디다'가 이에 속한다. 심리·사유·인지 자동사 구문은 'NP이 NP에 V'의 구문을 형성하였다. 여기서 'NP에'는 '대상'의 의미역이 실현된 것이다. 이는 중기국어 당시 조사 '-에'가 가졌던 '대상'의 기능에서 비롯된 것으로 해석할 수 있다. 그러나 조사 '-에'의 '대상'의 기능이 약해지면서, 자동사 구문에서 'NP에' 논항의 실현도 사라지게 된다. '붓그리다(愧), 혜아리다2, 알다' 등이 이에 속한다.

타동사 구문의 범주 변화는 논항구조의 변화와 밀접한 관련을 가진다. 타동 구문에서 'NP를' 논항이 소멸하면서 타동성도 함께 상실되기 때문이다. 심리 타동사 구문에 나타나는 가장 큰 변화는 타동사의 범주가 사라지는 것이다. 특히 형·타 겸용 동사의 용법을 가진 것들이 이러한 변화를 겪는데, 이러한 변화로 인해 형용사와 타동사의 범주간 넘나듦 현상이 드물게 된다. '셟다(>섧다), 슳ᄒᆞ다(>싫다, 厭)' 등이 이에 속한다. 전환 타동사는 대상의 'NP로'와 결과의 'NP를' 논항을 취하던 'NP이 NP로 NP를 V'의 구문이 대상의 'NP를'과 결과의 'NP으로' 논항이 실현된 'NP이 NP를 NP로 V'의 구문으로 바뀌게 된다. '밧고다, 삼다' 등이 이에 속한다.

본 저서는 이러한 구문구조의 변화 양상을 바탕으로 구문 변화의 원인에 대해서도 고찰했다. 국어 동사 구문의 변화 원인은 언어 내적 원인과 외적 원인으로 살펴볼 수 있다. 언어 내적 원인에 속하는 구문의 변화는 문법 체계에 변화가 일어남에 따라 구문구조에 변화가 생기는 경우와 동사의 의미가 변함에 따라 구문구조에 변화가 생기는 경우로 구분된다. 전자는 변화하는 양상이 체계적이고 규칙적이라는 점에서 구조적 변화이며, 후자는 동사 개별적인 의미 변화로 인해 생기는 것이므로 규칙적인 모습을 찾아내기가 힘들다는 점에서 개별적 변화이다. 문법 체계의 변화로 다루는 것으로는 피·사동사의 발달, 조사의 발달과 기능 변화, 'V-어 ᄒ다' 합성법의 발달, 그리고 '-기' 명사형어미의 발달 등이 있다. 의미 변화의 유형으로는 동사의 의미 확장, 축소, 그리고 전혀 다른 의미로 실현되는 의미 전환이 있다.

3장은 문장 안에서 실현되는 '-로' 동사 구문의 변천사에 대해 논의한 뒤, 이 논의가 가지는 의미로 모국어에 대한 인지도를 높이려고 하였다. 그 일환의 하나로 서술어 구문 중 자동사와 타동사 구문의 변화에 대해 논의했다. 타동사 구문의 특징적인 변화는 다섯 가지로 요약된다. 첫째, 사동사가 실현됨으로써 타동사로 실현되던 어휘가 타동성을 잃게 된다. 둘째, 심리 타동사가 'V-어 ᄒ다' 합성법의 발달로 타동적 용법을 잃게 된다. 셋째, 대상의 'NP로'와 결과의 'NP를'을 취했던 'NP이 NP로 NP를 V'의 전환 타동사 구문에서 대상의 'NP로'의 기능이 약해지면서 대상의 논항은 'NP를'로, 결과 논항은 'NP로'로 실현된다. '밧고다, 삼다' 등이 이에 속한다. 넷째, 인용의 조사 '-고'가 발달하면서 'S'가 논항으로서의 자격을 분명히 가지게 된다.

범주도 함께 사라진다는 점에서 범주의 변화가 논항구조의 변화와 밀접한 관련을 가진다.

본 저서의 집필 동기는 동사 구문 가운데 타동사 구문의 발달에 대한 초판의 내용을 수정하려는 데 주된 목적이 있다. 특히 4장 타동사 구문의 변화를 개정하여 수정보완판으로 만들었다. 또, 4장에서는 이 저서의 후기 내용으로, 우리말 동사 구문의 발달과 관련하여 '-로' 동사 구문의 발달이 우리말 동사 구문에 미친 영향 및 그것의 의미에 대해 살펴보고자 집필하게 되었다. 또, 국어 동사 구문구조의 통시적 연구라는 제목을 우리말 동사 구문으로 바꾼 이유는 국어라는 모국어적 관점을 한국어 입장에서 바라보면 '우리말'이 민족주의 입장을 버린 상황에서도 '우리말'에 대한 깊은 관심과 사랑을 보여 줄 수 있는 시대이기 때문이고, 구문구조를 '구문'으로 바꾼 것은 우리말 문장 구조의 정확한 명칭은 구문으로 이해하는 것이 옳으며, '구문구조'는 박창해의 이론에서 비롯한 구조주의적 관점을 버린다는 의미에서다. 또 '통시적'을 '역사적 연구'로 바꾼 것은 역사적 연구의 정확한 의미를 다시 새겨볼 때, 민족사관의 입장에서 통시적, 공시적 이라는 명칭을 쓴 정인보의 역사관을 버린다는 입장에서 순수언어이론적 관점에서 역사적 연구라는 용어를 쓴 것이다.

따라서 우리말은 알타이어족설에서 주장하는 알타이어 제어 중 하나의 언어로서 분기된 언어가 아니라, 만주퉁구스어 제어 중 하나인 만주어의 한 분기로서 한국어가 말로 분화된 뒤, 글은 뒤에 만주 퉁구스 제어 중 하나인 퉁구스 제어 중 에벤키어원 중 한 분파인 고시베리아어의 한글 문화를 본받아 형성된 언어 중 하나임을 상기해야 할 것이다. 이런 관점에서 우리말 계통에 대한 재고, 우리말 문장 형성에 대한 시의, 문장론에 대한 기존의 견해에 대한 재검토를 통한 구문의 발달사를 다루려고 하는 데 주 저서의 집필동기가 있었다. 이 글은 우리말의 계통을 다시 그려낼 수 있고, 우리말 구문의 형성과 발달, 그것의 변화 양상에 대해 다시 생각해 볼 수 있는 초석이될 것이다. 이 연구로 인해, 우리말 형성이 입말에서 비롯되어 글말로 정탁(鄭擢)된 것이 아니라, 글말에서 시작한 것이 어떤 경유에 의해서인지 모르나 입말이 생겨나면서 글말이 쇠퇴해 가고, 글말이 발달하게 된 삼국시대를맞게 된 것임을 알 수 있다.

이를 통해 글말의 발전은 훈민정음 창제에서 비롯된 것이 아니라, 훈민정음 해례본이 완성되어 가는 시점에서부터 시작된 것이 아닐까 하는 조심스러운 추정을 해본다. 또, 글말과 입말은 글말에서 시작되어 입말로 발전하는것이 아닐 수도 있다는 또다른 추정을 해보게 한다.19)

만약, 에벤키어어원 중 하나인 우리말의 분화 시점을 묻는다면 그에 대한답은 현재로서는 내릴 수 없다. 다만, 우리말의 시작과 글의 시초를 묻는다면 그에 대한 것은 말의 기원은 단군이 한반도에 정착된 이후, 한사군 설치시절 한 무제에 의해 가져온 한나라 글을 우리말에 정착시키기 위해 노력한한 무제의 노력으로 이루어진 한 문화의 한 정착민의 문화 중 하나가 우리글의 시초가 됐을 것이고, 말의 기원은 기원전 4898년 전 호모사피엔스 시절,도구문화를 인류 역사에 가져온 한 구석기인의 한반도에 정착 시절, 우리문화가 형성되고, 그 즈음에서 한반도로 만주를 거쳐 내려온 한 부족 민, 한사

---

19) 글말의 형성과 입말의 시작, 글말의 형성, 글말의 발전, 글말의 형성 시기, 발전 과정이 모든 것에 대한 논증은 추후 연구 과제로 돌린다.

군의 한 민족, 고구려 인, 백제인, 신라인, 가야의 일부 소수민족의 단합으로 이루어진 한 민족의 얼과 숨은 결이 이루어진 말 문화의 시작이 아닐까 하는 조심스러운 추정을 해 보며 이 글을 마무리하고자 한다.

또, 이것이 가지는 의미에 대한 것은 본 저서의 집필 목적 부분에서 밝힌 바 있듯이, 우리말의 연원과 계통의 관심을 높이는 데 일조를 하는 데 있을 것이며, 중등 학생들에게 우리말의 자긍심과 애착심을 가지는 데 본 연구서가 이바지하는 바가 있을 것으로 믿는다. 이러한 저자의 노력이 현 교육자들에게 마음으로 읽히길 바랄 뿐이다.

한편, 우리말의 시작은 지금으로부터 기원전 4천 898년 전, 불교가 이 땅에 정착할 무렵이 아닐까 한다. 왜냐하면 세종 당시 한글을 만든 후 가장 먼저 한 것이 불교 서적 간행이었는데, 그것은 우리말의 연원을 연구했던 세종의 결론이 신문자를 알리는 가장 좋은 방법은 전 세계적으로 유명한 고전을 뒤져보지 않았을까 고민했을 것이며, 그런 의문 속에서 종교서적 중 가장 오래된 종교가 불교가 아닐까 라는 추정 하에 불교 서적 중 가장 널리 알려진 화엄경 계통의 책 금강경언해부터 시작하여 언해를 하기 시작했고 그 완간은 세조 연간에 이루어졌다. 금강경언해의 의미에 대한논의는 뒤로 미루기로 하되, 세조의 불경언해 사업은 크게 성공한 셈이다. 살아생전 10권의 불경을 몸소 간행하고, 교감한 뒤, 간경도감이라는 훌륭한 국가사업 출판사를 만들기까지 했으니, 세조의 문화 사업은 정치 사업을 뒤로 하더라도 조선의 문화를 성공적으로 이끄는 데 큰 공헌을 한 셈이다. 그의 정치적 야욕은 그를 멸하게 했을지라도 죽어서라도 그의 한글 편찬 사업은 후세인들에게 귀감이 될 만하다 사료되며 역사적으로 재평가받아야 할 것이다.

그런데 세조의 한글 편찬 사업을 한 번에 무너뜨린 사람이 인조반정의 주도 세력이었던 광해였다. 광해는 인조를 뒤로 내몰고 자신의 정치 야욕을 달성하려고 했던 야심으로 한글문화 사업을 혼자 강행하려 했으나 혼자 몸으로 할 수 없다는 것을 안 뒤, 인조를 일으켜 소위 말하는 문체반정을 하려 했으나 실패를 하고 만다. 그 이유는 그의 목적은 가상하나, 그의 정치 욕심이 지나쳐 훗날 병자호란이 2차례에 걸쳐 일어났어도 거들떠보지도 않았고 인조의 홀홀단신의 정치적 힘으로 막아내려 했고 실패로 돌아갔다. 다만, 이러한 정치적 사실 속에서 본서가 주목하는 것은 광해의 문체반정의 끝이 어떠했을까, 인조의 마지막 한글 정책은 어떻게 훗날 귀감이 됐을까 하는 점이다. 두 인물 모두 정치 야욕에 휩싸여 정국을 혼란으로 몰아갔으나 공통적으로 귀감이 될 점은 두 사람 모두 한글 부흥 사업에 동참했고, 조선조 태조의 국가 건립 이념이었던 부국강병, 문화 강국의 사업을 잇는 데 큰 공헌을 했다는 점이다. 따라서 두 왕의 노력으로 한 나라의 성쇠를 가름하는 데 중요한 정치 도약의 길은 문화를 부흥하는 데 있고, 그 중심에 언어를 아끼고 소중히 하는 마음을 가진 지도자의 마음을 가지며, 그러한 분위기가 조성되는 문화민족의 한 선조가 우리 민족의 조상이었음을 기억해야 함을 명심해야 한다. 이러한 노력 없이 한글이 지금까지 우리말을 적는 표기 수단으로 명명백백 그 맥을 잇게 된 것임을 잊지 않아야 할 것이다. 한글날을 국경일로 기념하는 등의 문화 정책 사업의 발전을 해야 할 지금 시절에, 우리말과 글의 중요성을 얼마나 생각하며 살아가고 있는지 한 번 쯤 되새겨 보아야 할 것이다. 본서는 이러한 정신을 잇는다는 마음으로 그 중의 하나인 우리말 계통에 대한 탐구를 하고, 그 중에서도 그간 돌아보지 않았던 통사분

야의 하나 문장론적 측면에서 연원 밝히는 작업을 했음을 상기하며 이 책을 갈무리하려 한다.

동사 구문의 변천사를 다루는 작업은 일개 한 사람의 노력으로 되는 것이 아니라, 수많은 연구생들이 함께 힘을 모아 동사 목록을 정립하고 각각 개별 동사들의 동사 변천사를 다루는 데 주력해야 할 것이며 이런 작업을 게을리 해서는 우리말 계통의 복잡한 부분을 해결해 나가기 어렵다는 것을 알아야 한다. 이런 측면에서 본 서의 의의 역시 한 몫을 했을 것으로 믿는다.

요컨대, 다음과 같은 결론을 내릴 수 있다.

그러므로 통사적으로 볼 때, 동사의 종류가 타동사냐 자동사냐를 결정하는 것은 동사 자체의 어휘적 의미의 영향을 받는다. 그리고 목적어의 실현 여부가 동사의 자타동 여부를 결정하는 데 결정적인 원인이 되는 것은 아니라는 것도 알 수 있게 된다.. 결국 동사의 어휘적 의미와 목적어 논항의 여부가 우리말 타동사 구문의 변화를 일으킨 원인이 된 것으로 보아야 한다.

본 저서는 동사문이 우리말의 형성에서도 글말의 형성에 중요한 역할을 했음을 알 수 있게 하고, 자동사 구문 특히, 우리말 형성에 중요한 기능을 했음을 알 수 있게 한다. 그런데, 우리말 문장 이론에 관한 정렬모(1954), 박창해(1967) <한국어 구조론 연구; 음운론 및 음운 배합론>에 관한 논문 및 저서에 따라 우리말 기원의 글과 말의 형성에 중요한 영향을 끼친 부분은 형태소가 아니라 구절 이며, 구절 가운데에서도 구문과 구문 분석이 아니라, 어절임을 알게 된다.

구절과 구문 가운데서 우리말은 구절 보다는 구문 연구를 해야 할 필요성이 있다. 그 말은 구절의 의미는 글말의 존재, 글월의 의미, 글말의 위상,

글의 중요성에 대해 알 게 하고, 또 다른 동사구문에 대한 존재의 의미에 대해 알게 하는 것이다. 또, 구문과 구절의 차이 가운데 구문이 가지는 특징 중 하나는 문장 안에서 실현되는 것이 아니라, 구절의 의미 파악은 쉽게 잡히지 않는다. 단, 이것의 중요성은 개개의 동사사를 다루는 차원에서 우리말의 문장의 길이와 문체론의 문제이며, 문체 분야에 대한 연구는 이러한 문법의 문제보다 절실한 것이 문장의 길이 부분에 대한 글쓰기 영역에 걸쳐 있어, 가장 큰 문제다. 문체 분야는 글의 완성도보다는 글 내용의 성격에 좌우되는 편으로 글의 길이를 짧게 하느냐, 길게 하느냐의 문제는 그리 크게 중요하지 않다. 일부 독자를 위한 글쓰기라고 해서 글을 짧게 쓰는 것이 좋다는 견해가 대세이나, 실은 그렇지 않다는 것을 우리선조들의 글쓰기 부분을 살펴보면 여실히 드러난다. 용비어천가의 협주 부분에 대한 한문 구절풀이를 우리말로 번역한 월인천강지곡의 대문 협주 부분과, 석보상절의 원문 전체의 글을 보아도 알 수 있다. 글의 전체의 짜임, 그리고 글의 전체적 구성을 염두할 때 문장의 길이는 그리 중요한 문제가 아님을 알아야 한다. 따라서 글의 길이를 중요하게 생각하여 글쓰기에서 단문 위주의 글을 쓰라도 명하는 글쓰기 교육 방법은 문제가 있다. 이것은 오히려 읽기 능력을 저하시키는 요인 중 가장 큰 변수로 작용할 수 있는 요인이 될 수 있다는 점을 명심해야 할 것이다. 선조들의 글쓰기 자료를 볼 때 우리글은 적절한 상황에 맞는 글의 분량과 길이를 선택하여 글의 분량보다는 글의 구성, 문장의 길이보다는 문의 성격을 고려하여 글을 쓰는 것이 좋다는 판단을 하게 된다.

글의 문체적 특성 부분에 대해 연구하는 분야에서 구문의 의미보다는 구절의 의미가 덜할 것이라는 판단이 있을 수 있다. 따라서 우리말과 글의 문맥에서 차이가 나는 것은 입말은 덜 정제되어 쉽게 암기할 수 있는 단문 위주의 말이 나오는 반면, 글말은 많이 정제되어 우리말의 문장의 길이를 더욱 짧게 하고 있다. 이 부분에 대한 반성이 필요할 것이다.

글말은 이와는 달리 평소에는 입말에 나타나나 글에는 잘 나타나지 않는 것으로 이것이 우리말에 남아 있는 경우는 성경의 한글 번역서에서나 가능한 말이다. 따라서 우리말에서 지금 남아 있는 언어는 글월, 입말 위주의 언어만이 가능하다는 것을 알아야 하며, 이 중에 교육으로 갈고 닦아야 할 것은 입말을 교육해야 한다는 사실을 명심해야 할 것이다. 글월의 글쓰기 부분에 대한 우려와 해결해야 할 사항에 대해서는 위에서 지적한 바대로 하면 될 것이다.

다만, 글의 글 부분에 대한 노력과 문장 구성 능력을 키워나가기 위해서는 우리말 동사 구문의 유형을 유형별로 나누어 글쓰기 훈련을 해보는 습관을 들이는 노력을 해야할 것이라는 점이다.

결국 우리말 글의 능력을 키워나가는 훈련을 하기 위해 우리말 구문에 대한 이해가 필요하며 어려운 문장 구성 분석 능력을 키우는 것이 아니라, 저절로 글 실력과 말 능력이 나올 수 있게 하는 언어능력을 갖게 하는 것이 초중등 교육에서 필요하리라 본다.

다만, 이러한 노력을 학교 교육에서 하는 것이 시급하며 현 중등교육에서 글쓰기 교육은 무용지물이 되는 교육임을 깊이 절감하고, 깨닫는 교육자가 길러져야 할 것으로 본다. 우리말은 글이 중요한 것이 아니라 입말 위주의 언어임을 먼저 알고 있을 때 글쓰기보다 말하기교육이 우선시되어야 한다는 것을 알아야 하고, 그 의미는 말의 중심이 글 속에 있고, 글의 형성은 말을 토대로 이루어진 것임을 알아야 할 것이다. 말의 의미보다 글의 가치를 알아야 하는 시대임을 명심해야 할 것이다. 따라서 말보다는 글이 먼저 생겼고, 글보다 말이 더 중요한 시대라는 것 역시 동시에 명심해야 한다는 것을 알게 될 것이다. 인터넷 시대 말과 글 중 글이 더 중요하다고 생가할지 모르나, 일상생활의 입말의 현실을 감안하면 지금은 말이 글보다 더 심각하게 오염되어 있다는 것을 알게 되며, 이에 대한 절감하는 교육자의 참말 교육이 필요한 때임을 각성해야 한다.

　이러한 현실 속에서 우리말의 힘은 예전 근대 후기에 간행된 한중록의 글, 근대 중반기에 필사기록물로 알려진 산성일기 및 서궁일기, 계축일기의 글들의 존재, 중기국어의 석보상절과 월인석보 권 25 뒷부분의 불교 철학과 관련된 해설 부분에 대응하는 글들의 존재를 상기해야 할 시점이다. 이러한 국어사 자료를 국어교육에서 제대로 교육할 수 있고, 자료의 가치를 알게 하는 국어사 교육이 될 때 우리말의 글쓰기와 말하기 교육의 중요성을 알게 하는 참된 교육의 현장이 되살아날 것이라 믿는다.

　말과 글 중에서 글이 먼저 생겼으나, 말 위주로 언어가 발달되어 왔다는 것을 명심해야 할 것이다. 그것은 우리말의 계통이 알타이제어 중 한 언어가 아니라 만주퉁구스 제어 중 하나의 언어로 분기된 언어이며, 그 중에서도 만주어 혹은 에벤키어 중심의 만주어를 형성함으로써 입말이 정착되어 온 사실을 알아야 할 것이고, 이것 우리말의 계통과 다른 알타이어제어 중의 몽골어와는 전혀 다른 계통의 언어임을 알아야 한다.

　끝으로, 우리말 형성의 형태소 분석에서 중요한 부분은 서법이지 시제나 상이 아님은 고영근의 <중세국어의 시상과 서법>을 통해 논증된 바 있다.

본 저서는 이에 대한 문장 형성의 원리나 문장 형성의 기원 부분에서 서법이 중요함을 문장 구성 원리를 통해 보여준 바 있고, 이를 통해 우리말 의 계통적 기원은 알타이어족이 아니라 만주퉁구스어 제어 가운데 만주 퉁구스어계에 가장 가까운 언어임을 보여주었다.

이 글은 구어체 구어 문장과 문어체 글말 위주가 우리말의 연원인데, 이 가 운데 우리말 형성의 기원에 되는 것은 문어체 글말임을 본 저서를 통해 소략하게나마 보여주었다. 국어 교육적 측면에서 지금 말과 글을 바꾸지 않으면 우리말과 글은 50년 이래, 없어지고 말 것이다.

우리말 동사 구문의 변천사를 다루는 것은 문장 내의 연원 및 문장의 구성 원리를 밝힌다는 점 외에도 우리말 동사 구문의 시작과 끝을 밝히고, 동사의 목록을 정리하는 등 동사 구문의 특성을 정확하게 바라본다는 데 의미가 있다. 또, 이것이 가지는 국어사적 의미라면 우리말의 시작이 입말이 아니라 글말에서 비롯되었음을 밝히는 중요한 단서로 작용할 수 있는 계기가 되었다는 점이다. 특히 격조사의 분화 시기 및 격조사 발달 과정을 드러내는 데 있어 동사의 성격과 구문의 관계를 나타내는 변천사 논의는 의미가 있을 것으로 본다. 한편 이 책은 타동사 구문의 변천사를 중심으로 논의를 진행하는 과정에서 타동사가 타동구문의 동사를 말하는 것이며, 이것이 구문의 변화를 겪는다는 것은 그것이 변함에 따라 어떤 다른 동사의 모습을 가지게 됨을 의미하고, 이로 인해 어떤 문장 내의 구문의 변화를 가져온다는 것을 알게 되었다.

실제 타동구문의 변화를 초래하는 것은 아래의 다섯 가지 유형 가운데 한 가지 경우만이 해당되는데, 이것의 의미는 타동사 구문의 문장 내의 변화는 지금까지 일어난 여러 구문의 변화 가운데 가장 적음을 의미한다.

또, 이것이 의미하는 바는 타동사의 목록 가운데 어떤 유형의 동사들은 자신의 구문 안에서 어떤 통사적 실현 양상을 보여주는 것을 말하는 것으로, 이것의 의미가 타동사의 변화를 뜻하는 것은 아니나 경우에 따라서 아래의 네 가지 경우의 해당되는 사례가 있을 수 있음을 말한다.

1) 타동사 중 의미가 가장 많은 다의어를 가지는 것 가운데 의미 변화 말고 구문 변화만 가지는 유형은 사례가 매우 적다. 이것이 의미하는 바는 타동 구문의 변화에 사동사 구문의 사용이 거의 없다는 것을 의 미한다.

또, 사동사의 의미와 사동사 구문의 발달은 이 시대의 가장 큰 사동사 발달의 과정을 막는데 큰 역할을 할 것으로 본다. 따라서 사동 구문의 발달을 촉진시켰던 것은 외래어의 침입이 가능했던 13세기 중엽 원나 라 쿠빌라이 칸의 몽고 제국 시절, 우리말을 지켜내지 못했던 고려 공민왕 시절 때부터 조선 초기 권근의 경국대전이 출간되기 직전이었 던 것으로 판단된다. 이 부분에 대한 논의는 2부에서 자세하게 다룰 것이다. 따라서 본 저서의 논의는 한국어 동사 구문의 발달사를 통해 우리말 동사의 근원과 발달 과정, 변화 과정 중 일어났던 여러 가지 문법 내의 체계 변화, 그밖에도 우리말의 시작 과 관련된 계통 문제를 다루는 데 걸쳐있는 중요한 논의라고 판단된다. 그러므로 본 저서에서 는 2부를 따로 두어 우리말 동사 구문과 한국어계통에 관련된 논의가 더 필요하리라고 보아 별도의 장을 두어 자세히 다룰 것이다.

2) 타동사 구문 가운데 의미 변화를 겪지 않고 구문 변화만 가지는 유형의 사례는 적다.

3) 타동사 구문이 변화를 겪지 않았고, 의미 변화를 가지는 동사의 유형이 존재하는 타동사가 가장 많은 유형에 속한다. 이에 대해서는 계통 문제와 관련되어 매우 중요한 논의인 만큼 2부에서 구체적으로 논의하기로 한다.

4) 존재동사 구문 가운데 '-로' 구문의 유형에 속하는 타동사 목록은 거의 존재하지 않으나 일부 존재동사가 이런 구문을 실현시킨다. 이것은 '-로' 주제문이 실현되는 사례인데 간혹 현재 경주 방언에서 '-로'가 주격조사의 기능을 하는 것처럼 보이는 입말의 예가 있는데, 그것이 이 유형에 속하는 것과 무관하지 않다고 본다.[20]

주요 집필 내용은 타동사의 목록 및 타동사 구문의 변화를 가리키는데, 이에 대한 본격적인 논의는 아래와 같이 요약된다.

첫째, 아래의 네 가지 경우를 제외하면 타동사 구문의 변화는 없다.

둘째, 타동사의 종류가 어떻게 실현되느냐에 따라 타동사 구문이 달라질 수 있다.

셋째, 타동사는 어떤 실현 환경에서 실현되느냐보다, 어느 동사가 실현되느냐가 중요한 변수이다. 또, 타동사의 종류가 어떤 것이 실현되느냐 보다 그 타동사가 어느 통사 환경의 조건하에 실현되느냐가 더

---

20) 황국정 (2009)에서 논증된 사실임.

중요한 것이며, 이것이 타동사 구문의 변화를 결정짓는 중요한 변수가 된다. 또한, 타동사 구문 가운데 사동사와 관련되어 있는 타동사가 몇몇이 존재하는데 중기국어에서부터 시작하여 근대국어에 이르기까지 그 수는 적어졌으나 몇몇 자료인 입말에서 남아 있음이 증명된 바 있다.

그러므로 우리말 동사 구문의 변화 가운데 가장 적은 동사 목록을 가지는 타동사 구문이 적은 구문의 변화를 겪는 것은 당연한 것이다. 따라서 구문의 변화는 동사 개별적인 어휘적 의미를 구체적으로 논의한 뒤 구문 내의 환경 특히, 명사구의 존재를 결부시켜 동사구 내의 서술어의 의미를 파악한 뒤, 구문 내 문법 체계를 파악하는 것이 중요함을 이번 연구를 통해 알 수 있게 되었다.

또, 서술어 구문 변화 및 동사 구문의 변화는 동사의 서술어의 의미 밖에도 그것이 실현된 문장 안의 글이 입말인지 글말인지도 중요한데, 특히 우리말을 입말의 자료보다 글말의 자료가 훨씬 중요한 국어사자료임을 알 수 있었고, 우리말 계통의 연원은 글말 안에 녹여 온 옛 성현들의 큰 자산인 한글의 축적물을 어떻게 이어가느냐를 연구하는 데서부터 시작하는 것이라 생각한다.

끝으로 본서에서는 우리말 계통에 관한 중심에 신라어 중심의 고려어, 중세국어, 현대국어의 계통도에 대한 재고를 밝혔고, 대안으로 백제어 중심의 고구려어, 고려어, 중세국어, 현대국어의 새 계통도를 제안하는 선에서 마무리를 지었다. 이것이 의미하는 바가 어떤 것인지에 대한 추후 논증 과정 및 논의 과정에 대해 후고를 기약하며 마무리 하고자 한다.

다만, 한 가지 덧붙일 것은 많은 사람들이 글을 소중하게 여긴다고 생각하나, 최근 신문이나 뉴스를 인터넷 잡지 등으로 접하는 것을 당연시 하는 경향이 있는데, 이는 잘못된 습관으로 우리나라에 현재 가장 좋은 글 중의 하나가 신문의 논설인데, 그것은 인터넷에 올라오지 않는다. 따라서 글을 쓰는 사람은 전문가를 제외하고서라도 신문의 논설을 읽어야 하며 그 글을 따라서 쓸 수 있는 자를 형성할 수 있는 교육이 이루어질 때 제대로 된 글쓰기 교육이 가능할 것이다.

이러한 연구들이 축적될 때 지금의 말과 글의 폐해가 없어지게 되고, 말의 필요성, 글의 중요성이 되살아날 수 있는 계기가 될 수 있을 것이라 생각한다. 이러한 논의의 필요성이 이 책의 연구 가치라고 할 수 있겠다.

우리말 동사 구문의 연원은 기원전 글이 우리 땅에 토착화되기 시작한 BC 2334년부터며, 이는 삼국유사에서 저자 일연 스님이 우리 땅에 단군이 강림한 시기로부터 1년 전에 말이 먼저 생겼고 글이 토착한 것을 인지한 뒤 역사서 삼국유사를 쓴 것임을 알아야 한다. 따라서, 이러한 역사 사실로부터 추정컨대, 우리말과 글의 한반도 유입은 기원전 2400년경에서 시작한 것으로 보이고, 기존의 한사군 설치 이후 한자 유입설은 재고의 여지가 있다고 보인다. 그 이유는 글 전에 말이 있을 것이라는 가정 하에 단군이 이 땅에 부족국가를 세운 것은 이미 정착민이 한반도 거주민으로 삶을 영위하고 있을 무렵, 우리민족 중 만주족의 후예가 대다수를 차지하던 그 시절 만주 영역이 우리 땅 경계현으로 유입되어 한반도의 영토가 지금보다 확장된 영토로 들어와 있을 무렵, 단군이 이 땅에 나라를 세울 무렵 수도를 정한 뒤, 건국이념으로 홍익인간을 내세운 것은, 사람이 먼저라는 사고, 말이 다음이며, 글이 있어야 말이 제 역할을 할 수 있다는 생각, 이것이 사람을 우선시하게 하는 판단의 선두에 있었음을 알 수 있기 때문이다.

이러한 역사 사실, 해석과 추론을 통해 우리말과 글의 연원이 기원전에 있었음이 분명한 것이고 중요한 것은 기원전 정확한 연도 추정이라기보다는 우리민족의 계보가 알타이계통이 아니라 만주어 계통이라는 것을 영토현의 경계로부터 추정할 수 있지 않을까 한다. 그러므로 본 서는 우리말의 시작을 단군의 한반도 건국 이전으로 보고, 글의 시작은 말이 생기기 전에 존재한 것으로 본다. 따라서 이러한 사실로부터 필자는 우리말의 계통에 대한 관심을 가져야 할 필요성이 있다고 판단하여, 이 땅에 말과 글이 없어지지 않아야 한다는 자민족의 언어에 대한 관심을 높이고 글의 중요성을 고양시켜야 할 시기에 말과 글이 오염되는 것을 막아야 한다는 작은 우려의 목소리를 조심스럽게 내 본다. 따라서, 이러한 생각의 시작 하에 이 책을 쓰게 되었음을 밝히며 마무리 하고자 한다.

참고문헌

강한영 역주. 1974. 「癸丑日記」서울 : 을유문화사.

고영근. 1987. 표준중세국어문법론, 집문당.

고영근. 2011. 표준국어문법론, 탑출판사.

김동소. 2002. 중세 한국어개설 , 대구가톨릭대학교.

김민수. 1971. 국어문법론, 서울 : 일조각.

박병채. 1996. 「국어발달사(보정판)」서울 : 세영사.

박창해. 1967. 〈한국어 구조론 연구;음운론 및 음운 배합론〉, 연세대학교.

李基文. 1972. 「국어사개설」서울 : 탑출판사.

이기문. 1998. 「국어사개설(신정판)」서울 : 탑출판사.

이현희. 1986. "중세국어의 용언어간말 '-ㅎ-'의 성격에 대하여." 「국어학신
　　　　연구」서울 : 판사.

이현희. 1994. 「중세국어 구문 연구」서울 : 신구문화사.

유길준. 1908. 역대한국문법대계 수록(2008, 박이정), 김민수ˋ하동호 합편
　　　　중, 탑출판사.

정렬모. 1954. 국어문법, 학우서방.

한송화. 2000. 「현대 국어 자동사 연구」서울 : 한국문화사.

홍윤표. 1994. 「근대국어연구 (I)」서울 : 태학사.

황국정. 2001. "석독구결의 동사 구문(1)." 「한국어학」(한국어학회) 14.

황국정. 2005. 조사 '-로'의 '대상성'에 관한 통시적 연구, 형태론 7권 봄호,

형태론 연구회.

황국정. 2009. 국어동사구문구조의 통시적 연구, 제이앤씨.

姜馥樹. 1981. 「國語文法史硏究」 대구 : 형설출판사.

김기혁. 1989. "국어 문장구조의 이해 -동사구." 「慶熙語文學」(慶熙大) 10, 31-59.

김완진. 1980. 『향가해독법 연구』 서울대학교 출판부.

고영근. 1987. 표준중세국어문법론, 집문당.

고영근. 2011. 표준국어문법론, 탑출판사.

김동소. 1998. 한국어변천사, 형설출판사.

김동소. 2002. 중세 한국어개설, 대구가톨릭대학교.

김민수. 1971. 「국어문법론」 서울 : 일조각.

김방한 편. 1991. 「언어학 연구사」 서울 : 서울대학교 출판부.

남풍현. 1996. "고려시대 석독구결의 동명사어미 '-ㄱ/ㄴ'에 대한 고찰." 「국어학」 28.

도원영. 2008. 국어 형용성 동사 연구, 태학사.

박노준. 1982. 『신라가요의 연구』, 열화당,

양정석. 2020. '답다'의 양상 의미와 그 통사의미적 합성, 한글 81.

우형식. 1996. 국어타동구문연구, 박이정.

정 광. 2013. 〈월인석보〉의 舊卷과 훈민정음의 언해본 -正統 12년 佛日寺板 〈월인석보〉 -玉冊을 중심으로-, 국어학 68, 국어학회.

정 광. 2018. 한글 - 어떻게 제정되었나? -Ⅰ, 인문연구 20, 국제언어인문학회.

정 광. 2020. 하기야끼(萩燒き) 茶碗의 한글 銘文 해독 再考, 한국어사연구 1.

최 철. 1990. 『향가의 문학적 해석』 연세대학교 출판부.

홍기문 1956. 『향가해석』

황국정 (2009). 경주 지역어의 대상성 '-로' 구문에 관한 연구, 2011, 한국어학 50.

Givon. T. 1971. "Historical Syntax and Synchronic Morphology." *Chicago Linguistics Society* 7.

Jeffers, R. J. and I. Lehiste. 1979. *Principles and Methods for Historical Linguistics.* Cambridge: The M.I.T. Press.

Levin, B. 1993. *English Verb Classes and Alternations.* Chicago: Chicago Univ. Press.

Palmer, F. R. 1976. *Semantics.* Cambridge : Cambridge Univ. Press.

Pustejovsky, J. 1995. *The Generative Lexicon.* Cambridge: The M.I.T. Press.

Jackendoff, R. 1972. *Semantic Interpretation in Generative Grammar.* Cambridge : The M.I.T. press.

Jackendoff, R. 1990. *Semantic Structures.* Cambridge : The M.I.T. press.

Jackendoff, R. 1999. *Language, logic, and concepts : essays in memory of John Macnamara.* Cambridge : The M.I.T. Press.

Radford, A. 1988. *Transformational Grammar.* Cambridge : Cambridge Univ. Press.

Saeed, J. I. 1997. *Semantics.* Blackwell Publishers Inc.

Waldron, R. A. 1967. *Sense and Sense Development*. London.

〈사전류〉

정광 · 홍윤표. 1995. 「17세기 국어 사전」 서울 : 태학사.

한글학회. 1992. 「우리말 큰사전 3」 서울 : 한글학회.

홍재성 외. 1997. 「현대 한국어 동사 구문 사전」 서울 : 태학사.

〈표 : 타동사 구문 변화〉

Ⅰ. 타동사

【표1】 단일 목적 타동사

격틀	범주	구문 변화 유형		변화 동사 목록	불변화 동사 목록
NP이 NP를 V	순수	범주 변화	타동사 소멸	더블다(>더불다, 將), 드리다 (>데리다, 率)	
		격틀 변화 확장	NP이(행 위주·) NP를(대상) NP를(결과) V	딩돌다(>만들다, 結)	
			NP이(행 위주·) NP를(대상) NP와(대상) V	버므리다(>버무리다, 攪)	
			NP이(행 위주·) NP를(대상) NP에(기준) V	질드리다(>길들이다, 調)	
			NP이(행 위주·) NP를(대상) NP에(장소) V	니기다²(>익히다, 習) 등	
			NP이(행 위주·) NP를(대상) NP에(수혜자) V	받다¹(>받다, 受), 얻다(>얻다, 得) 등	
			NP이(행 위주·) NP를(대상) NP에(방향) V	드러내다(>드러내다, 露), 수기다(>숙이다, 低)	
			NP이(행 위주·) NP를(대상) NP에(피사역주) V	믈이다(>물리다, 徵)	
			NP이(행 위주·) NP를(대상) NP로(도구) V	달호다(>다루다, 治), 믈드리다(>물들이다, 染), 버므리다(>버무리다, 攪), 젓다(>젓다, 攪)	
			NP이(행 위주·) NP를(대상) NP로(결과) V	ᄀ라닙다(>갈아입다, 更), 믈리다(>물리다, 退), 딩돌다(>만들다, 結), 짓다(>짓다, 作)	
			NP이(행 위주·) NP를(대상) NP루(방향) V	버리다¹(>벌리다, 開)	
			NP이(행 위주·) NP를(대상) NP로(자격) V	맞다³(>맞다, 接), 얻다(>얻다, 得)	
			NP이(행 위주·) NP를(대상) NP에/로(방향) V	그스다(>끗다/끌다, 拖), 돌이다(>돌리다, 輪)	
			NP이(행 위주·) NP를(대상) S-고 V	나므라다(>나무라다, 貶), 놀이다(>놀리다, 弄), 믿다(>믿다, 信)	

193

우리말 '-로' 동사 구문의 변천사

			구문	동사	
		추가	NP이(대상) V	드리혀다(>들이켜다, 吸), 둥기다(>당기다, 牽), 슳다2(屑)	
			NP이(경험주) NP에(대상) V	견듸다(>견디다, 忍)	
			NP이(행위주·) NP에(장소) V	투다³(>타다, 乘)	
			NP이(행위주·) NP에(수혜자) S-고 V	나므라다(>나무라다, 吒), 놀이다(>놀리다, 弄)	
	범주변화	타동사 소멸		갓고로디다(>거꾸러지다, 倒), 걸이다(>걸리다, 滯), 기울다(>기울다, 仰), 뒤돌다(>뒤돌다, 背), 들이다2(>들리다, 聞), 미이다(>매이다, 縛), 숨다(>숨다, 隱), 싸디다(>빠지다, 溺), 양지ᄒ다(>양치하다, 漱), 일ᄒ다(>일하다, 事), 짖다(>짖다, 需), 힘쓰다(>힘쓰다, 務)	
자·타	격틀변화	확장	NP이(행위주·) NP를(대상) NP에(장소) V	갈다(>갈다, 耕), 비기다(欹), 쌓다(>쌓다, 積)	간다(收), 갊다(藏), 갓가이ᄒ다(>가까이하다, 近), 거스리다(>거스르다, 逆), 거슬다(>거스르다, 逆), 걷내뛰다(超), 걷다²(>걷다, 卷), 그르다¹(>끄르다, 解), 그릇다(違), 그치다¹(>그치다, 止) 등
			NP이(행위주·) NP를(대상) NP에(수혜자) V	베프다(>베풀다, 宣), 흩다(>흩다, 散)	
			NP이(행위주·) NP를(대상) NP로(방향) V	져다(>꺾다, 折), 도릭혀다(回)	
			NP이(행위주·) NP를(대상) NP로(결과) V	굴다(>갈다, 替), 밧고다(>바꾸다, 易)	
			NP이(행위주·) NP를(대상) NP와(공동) V	밧고다(>바꾸다, 易)	
			NP이(행위주·) NP를(대상) NP로(자격) V	들다³(>들다, 擧), 셤기다(>섬기다, 事)	
			NP이(행위주·) NP를(대상) NP로(도구) V	므르다³(>무르다, 退)	
			NP이(행위주·) NP를(대상) NP에/로(방향) V	눌이다(>날리다, 飛), 밀다(>밀다, 推), 흩다(>흩다, 散)	
			NP이(행위주·) NP를(대상) S-고 V	구짖다(>꾸짖다, 罵), 일큰다(>일컫다, 稱)	

			NP이(행 위주·) NP에(지향점) V	다디르다(>대지르다, 撞)	
		추가	NP이(행 위주·) NP에(대상) V	미이다(>매이다, 縛)	
형·타	범주 변화		타동사 소멸	모딜다(>모질다, 暴)	고르다(>고르다, 均), 기웃ᄒ다(>기웃하다, 欹)
자·타·형	범주 변화		타동사 소멸	굽다²(>굽다, 俯), 닉다(>익다, 慣), 줌줌ᄒ다(>잠잠하다, 默)	그르ᄒ다(>그릇하다, 錯), ᄀ장ᄒ다(>~極), 넘다(>넘다, 過), 디나다²(>지나다, 過), 헐다(>헐다, 嘖)

※ 가도혀다(囚), 가싀다2(改), 가ᄒ오다(倒), 간슈ᄒ다(>간수하다, 護), 간ᄉᄒ다(>건사하다, 護), 쟜다
(>깎다, 削), 갚다(>갚다, 償), 거느리다(>거느리다, 率), 거느리치다(濟) 등(초판 원고 참고)

【표2】 동족 목적 타동사

격틀	범주	구문 변화 유형	변화 동사 목록	불변화 동사 목록
NP이 NP를 V	순수			ᄭᅮ다(>꾸다, 夢), ᄭᅵ오다(>깨우다, 醒), 울다(>울다, 泣), 웃다(>웃다, 笑), ᄎ다¹(>추다, 舞)
	자·타			걷다¹(>걷다, 步), 뭇다(終), ᄭᅵ다21)(>깨다, 醒), 자다(>자다, 宿)

___

21) 「한글학회 사전」에는 'ᄭᅵ다'를 자동사로만 처리했다. 그러나 15세기 국어 당시 'ᄭᅮ믈 ᄭᅵ니'가
실현되므로 타동사의 'ᄭᅵ다'도 존재하는 것이다. 본서는 'ᄭᅵ다'를 자·타동사로 분류했다.

【표3】 이동 타동사

ㄱ. 장소 이동 타동사

격틀	범주	구문 변화 유형	변화 동사 목록	불변화 동사 목록
NP이	순수			도르다(回)
NP를 V	자·타			돌다²(>돌다, 廻), 횟돌다²(>휘돌다, 旋)

ㄴ. 지향점 이동 타동사

격틀	범주	구문 변화 유형		변화 동사 목록	불변화 동사 목록
NP이 NP를 V	순수	격틀 변화	추가 NP이(행 위주·) NP에 /로(지향점) V	츳자가다(>찾아가다, 尋)	
	자·타	범주 변화	타동사 소멸	낫다¹(進), 들다²(>들다, 入), 옮다(>옮다, 轉)	가다²(>가다, 去), 나사가다(>나아가다, 進) 등
		격틀 변화	추가 NP이(대상) NP로(방향) V	옮다(>옮다, 轉)	

ㄷ. 기점 이동 타동사

격틀	범주	구문 변화 유형		변화 동사 목록	불변화 동사 목록
NP이 NP를 V	자·타	범주 변화	타동사 소멸	나다²(>나다, 出)	버서나다²(>벗어나다)

ㄹ. 경로 이동 타동사

격틀	범주	구문 변화 유형			변화 동사 목록	불변화 동사 목록
NP이 NP를 V	순수	격틀 변화	추가	NP이(행 위주·) NP로(경로) V	너머가다(>넘어가다, 越)	
				NP이(대상) NP로(방향) V		

					걷나가다(>건너가다, 渡), 걷나다²(>건너다, 渡), 남다¹(>넘다, 逾), 디나가다²(>지나가다, 過),디나오다(>지나오다, 過)
자·타					넘다(>넘다, 過), 디나다²(>지나다, 過)
자타·형					

【표4】 위치(변경) 타동사

(1)

격틀	범주	구문 변화 유형		변화 동사 목록	불변화 동사 목록
NP이 NP를 NP에V ⇔NP이 NP를 NP로 V	순수	격틀 변화	축소	NP이(행 위주·)NP를(대상)V	에우다(>에우다, 圍)	내다(>내다, 生), 드리우다(>드리우다, 垂), 올이다(>올리다, 登), 플다(>풀다, 解)
	자·타					옮기다(>옮기다, 移)

(2)

격틀	범주	구문 변화 유형		변화 동사 목록	불변화 동사 목록
			축소	NP이(행 위주·)NP를(대상) V	디내다(>지내다, 經)	
	순수	격틀 변화	추가	NP이(행 위주·) NP를(대상) NP로(방향) V	내좇다(>내쫓다, 斥), 내티다(>내치다, 斥), 더디다(>던지다, 擲), 두려가다(>데려가다, 領), 브르다¹(>부르다, 呼), 숨기다(>숨기다, 隱), 흘리다(>흘리다, 端)	
				NP이(행 위주·) NP를(대상) NP로(자격) V	잡다(>잡다, 守)	

197

우리말 '-로' 동사 구문의 변천사

NP이 NP를NP에 V				NP이(행 위주·) NP에(지향점) NP를(대상) V	가지다(>가지다, 持)	
				NP이(행 위주·) NP와(공동) NP를(대상) V	가지다(>가지다, 持), 버리다²(>벌이다, 設)	
	자·타	격틀변화	축소	NP이(행 위주·) NP를(대상) V	거두다(>거두다, 收), ᄉ뭇다(通)	
			추가	NP이(행 위주·) NP를(대상) NP로(방향) V	가우리다(>기울이다, 忙), 다히다¹(>대다, 著), 흐르다(>흐르다, 流)	가도다(囚), 감다¹(>감다, 纏) 등
				NP이(행 위주·) NP를(대상) NP에/로(자격) V	뫼시다(>모시다, 陪), 묻다²(>묻다, 埋), 안치다(>앉히다, 坐)	
				NP이(행 위주·) NP를(대상) NP에(수혜자) V	먹다(>먹다, 食), 브티다¹(>붙이다, 附)	
				NP이(행 위주·) NP를(대상) NP와(공동) V	다히다¹(>대다, 著), 브티다¹(>붙이다, 附)	

※ ᄀ초다1(藏), 너피다(>넓히다, 弘), 놓다(>놓다, 放), 누이다(>누이다, 臥), 니르위다(致), 담다(>담다, 托), 두다(>두다, 置), 드듸다(>디디다, 履), 드리티다(投), 디니다(>지니다, 持), 두미다(>담그다, 浸), 둘다1(>달다, 懸), 머굼다(>머금다, 含), 머믈우다(留), 메다(>메다, 駕), 메오다(>메우다, 填), 몰다(>몰다, 驅), 뫼ᅀᆞᆸ다(侍), 뫼호다(聚) 등

(3)

격틀	범주	구문 변화 유형	변화 동사 목록	불변화 동사 목록
N P 이 N P 로	순수			느리다(>늘이다, 側), 등
N P 를 V	자·타			두르다(>두르다, 币),

【표5】 사역 타동사

(1)

격틀	범주	구문 변화 유형			변화 동사 목록	불변화 동사 목록
NP이 NP를 V	순수	격틀 변화	확장	NP이(사역주) NP를 (피사역주) NP를(대 상) V	시기다(>시키다, 命)	사르다(活), 쉬우다(息)
				NP이(사역주) NP를 (피사역주) S-고 V		
			추가	NP이(사역주) NP에 (피사역주) NP를(대 상) V		
				NP이(사역주) NP에 (피사역주) S-고 V		
				NP이(사역주) NP로 (피사역주) NP를(대 상) V		

(2)

격틀	범주	구문 변화 유형			변화 동사 목록	불변화 동사 목록
N P 이 NP를 N P 에 /S V	순수	격틀 변화	축소	NP이(사역주) NP를 (피사역주) V	브리다(>부리다, 役)	

【표6】 피동 타동사

격틀	범주		구문 변화 유형		변화 동사 목록	불변화 동사 목록
NP이 NP를 V	순수					쐬다(>쐬다, 熏)
	자·타	격틀 변화	확장	NP이(피동주) NP 를(대상) NP에(행 위주·) V	븥들이다(>붙들리다, 局), 자 피다(>잡히다, 操)	데다(>데다, 爛), 맞다 ²(>맞다, 中), 헐이다 (>헐리다, 傷)
				NP이(피동주) NP 를(대상) NP로(결 과) V	자피다(>잡히다, 操)	

【표7】 변성 타동사

격틀	범주		구문 변화 유형	변화 동사 목록	불변화 동사 목록
NP이 NP로	순수	범주 변화	타동사 소멸	삼다(>삼다)	
NP를 V	자·타	범주 변화	타동사 소멸	밧고다(>바꾸다, 易)	

【표8】 대상(목적) 타동사

(1)

격틀	범주		구문 변화 유형		변화 동사 목록	불변화 동사 목록
NP이 NP를 NP에 V	순수	격틀 변화	추가	NP이(행 위주·)NP 를(대상) NP로(도 구) V	노기다(>녹이다, 化)	그스리다(>그슬리다), 달오다(>달구다, 燒)
	자·타					슬다(焚), 저지다(霑)

(2)

격틀	범주		구문 변화 유형		변화 동사 목록	불변화 동사 목록
	순수	격틀 변화	추가	NP이(행 위주·) NP 를(대상) NP에(장소) V	삐ᄅ다(>찌르다, 刺)	ᄀᄅ치다¹(>가리키다, 指), ᄀᄅ치다²(>가르 치다, 敎), 니다(>이

NP이 NP로 NP를 V				NP이(행 위주·) NP 를(대상)　　NP에/로 (결과) V	흥정ᄒ다(>흥정하다, 商)	다, 芽), 다스리다(> 다스리다, 理), 달애 다(誘), 디르다¹(>지 르다, 挫), 메우다(> 메우다, 駕), 몃고다 (>메꾸다, 塡), 사기 다²(>새기다, 譯), 수 다(>쑤다, 煮), 쏘다 (>꼬다, 索), 어울우 다²(>어우르다, 合)
				NP이(행 위주·) NP 를(대상) NP와(대상) V	흥정ᄒ다(>흥정하다, 商)	
	자·타	격틀 변화	추가	NP이(행 위주·) NP 를(대상) NP에(방향) V	비취다(>비추다, 照)	뭊다(>묶다, 束), 및 다¹(>맺다, 結), 얽다 (>얽다, 維), 일우다 (>이루다, 成)
				NP이(행 위주·) NP 로(방향) NP를(대상) V	딕다¹(>찍다, 啄)	
				NP이(행 위주·) NP 를(대상) NP로(자격) V	딕다¹(>찍다, 啄)	

【표9】 수혜 타동사

(1)

격틀	범주		구문 변화 유형		변화 동사 목록	불변화 동사 목록
NP이 NP를 NP를/ 에 V ⇔NP이 NP로 NP를 V	슈수	격틀 변화	축소	NP이(행 위주·) NP 를(대상)NP를/에(수 혜자) V	알외다(>아뢰다, 諭), 주다(> 주다, 受)	
	자·타	격틀 변화	축소	NP이(행 위주·) NP 를(대상)NP를/에(수 혜자) V	맛디다(>맡기다, 任)	

(2)

격틀	범주	구문 변화 유형		변화 동사 목록	불변화 동사 목록
NP이 NP를 NP를 V	순수	격틀 변화	추가	NP이(행 위주·) NP를(대상) NP에(수혜자) V	머기다(>먹이다, 喂), 빌이다 (>빌리다, 借)	

(3)

격틀	범주	구문 변화 유형		변화 동사 목록	불변화 동사 목록
NP이 NP를 NP에 V	순수	격틀 변화	확장	NP이(행 위주·) NP를(대상) NP에(수혜자) NP로(도구) V	브티다[2](>부치다, 寄)	걷내다(>건네다, 渡), 기티다(>끼치다, 遺), 바티다(>바치다, 貢), 보내다(>보내다, 遣), ᄇ라다(>바라다, 望), ᄇ리다(>버리다, 捨), 불기다(>밝히다, 明), 뿌다(>꾸다, 借), 사다(>사다, 買), 시므다/쉼다(>심다, 植), 숧다(白), 유무ᄒ다(書), 좃다(禮), 폴다(>팔다, 賣)
			축소	NP이(행 위주·) NP를(대상) V	ᄑ다(>풀다, 解)	
			추가	NP이(행 위주·) NP에(수혜자) S-고 V	니르다(>이르다, 言), 묻다[3](>묻다, 問), 빌다(>빌다, 祝), 엳줍다(>여쭙다, 奏)	
	자·타	격틀 변화	축소	NP이(행 위주·) NP를(대상) V	붓다[2](>붓다, 灌), 일우다(>이루다, 成), 펴다(>펴다, 展)	논호다(>나누다, 分), 드리다[3](>드리다, 獻), 받다[5](>받다, 獻), 잃다(>잃다, 失)

저자 **황국정**

고려대학교 문과대학 국어국문학과 졸업
고려대학교 국어국문학과 대학원 석사 졸업
고려대학교 국어국문학과 대학원 박사 졸업
현, 경상대학교 교수

[주요 논문 및 저서]
「한자음의 교체 -'ㅅ'의 영향을 중심으로」
「석독구결의 동사 구문(1)」
「속격 조사의 교체 원리에 대한 재검토」
「조사 -'로'의 '대상성'에 관한 통시적 연구」
『국어 동사 구문구조의 통시적 연구』

우리말 '-로' 동사 구문의 변천사 - 우리말 글 연원 및 계통에 대한 소고

초판인쇄 2020년 11월 21일
초판발행 2020년 11월 28일

저 자 황국정
발행인 윤석현
발행처 도서출판 박문사
책임편집 김민경
등록번호 제2009-11호

주소 서울시 도봉구 우이천로 353
전화 (02) 992-3253 (대)
전송 (02) 991-1285
전자우편 bakmunsa@daum.net

ⓒ 황국정 2020

ISBN 979-11-89292-72-0 93700   **정가** 14,000원